Johannes Willms

# Die deutsche Krankheit

Eine kurze Geschichte
der Gegenwart

D1672449

Carl Hanser Verlag

1 2 3 4 5    05 04 03 02 01

ISBN 3-446-20078-9
Alle Rechte vorbehalten
© Carl Hanser Verlag München Wien 2001
Satz: Satz für Satz. Barbara Reischmann, Leutkirch
Druck und Bindung: Friedrich Pustet, Regensburg
Printed in Germany

*Für Evelyn*

# Inhalt

# Morphologie

Die Ausnahme will Regel werden und als normal gelten. Was wäre verständlicher als dieses Sehnen? Seit langem schon erleben die Deutschen sich und ihr Land als Ausnahme. Es ist ihr Fluch. Wann immer sie sich anschickten, zur »Normalität« aufzuschließen, mußten sie erleben, daß ihnen ihr Bestes, um mit Thomas Mann zu reden, »durch Teufelslist zum Bösen ausschlug«. Ja, es gilt sogar: Je entschiedener die Deutschen ihrer »Normalität« nachstrebten, als eine desto abstoßendere Ausnahme mußten sie sich erfahren. Einmal schien das Ziel erreicht, wähnten sich die Deutschen ihrer selbst gewiß wie nie zuvor. Tausend Jahre sollte ihr Glück wenigstens dauern, aber nach nur zwölf Jahren war es bereits darum geschehen, erwies sich der Traum als Alp, als blutige Fratze, waren die idyllischen Kulissen, durch die man mit klingendem Spiel und blitzenden Spaten gezogen war, zu Asche verbrannt, in Trümmer gelegt. Und über der wüsten Szene lag der zähe Gestank verwesenden und verbrannten Fleisches jener Millionen und Abermillionen, die wegen dieses irren Traums von der Normalität ermordet, »ausgemerzt« worden waren. Das ist die Erfahrung der Deutschen mit dem »Dritten Reich«.

Manche Erfahrungen sind wie Keulenschläge. Erst muß man aus der Ohnmacht erwachen, um sie wirklich zu begreifen. Aber selbst darin sind die Deutschen anders. Zunächst herrschte unter ihnen die Ansicht vor, mit dem ganzen Ausmaß der Niederlage hätten sie hinlänglich gebüßt. Das war konsequent gedacht, denn die Normalität, nach der sie sich seit dem 19. Jahrhundert sehnten, galt ihnen als geradezu eschatologisches Ziel. Erst Jahre später begann die Einsicht zu dämmern, daß es damit allein nicht getan sei. Es brauchte die »Bewältigung der Vergangenheit«, die zumindest juristisch-strafrechtliche »Aufarbeitung« der Schuld, die man durch das eigene Tun und Lassen auf sich geladen hatte. Dies geschah mit so staunenswerter Gründlichkeit, daß sich die Deutschen bald wieder, diesmal in einem durchaus positiven Sinne, als Ausnahme empfinden konnten.

Die Weltgeschichte ist nach Schiller und Hegel das Weltgericht. Deshalb schien es vielen nur konsequent, daß diese höchste Instanz den Deutschen nach Jahrzehnten tätiger Buße Bewährung zugestand und ihnen die »kleine Normalität« der nationalen Einheit bescherte, zumal sie immer wieder beteuert hatten, daß ihr ganzes Sehnen nach Normalität nur noch ineinsfiele mit ihrem Aufgehen in einem Vereinten Europa. Ihr Anderssein, das schwang unausgesprochen mit, sei gewissermaßen der Sauerteig, den es bräuchte, um das Werk der europäischen Einheit glücklich zu vollenden. Die Deutschen, so hatte es schon in den 1980er Jahren geheißen, als die Lippenbekenntnisse leiser wurden, die deutsche Teilung überwinden zu wollen, seien seit alters her das europäische Volk schlechthin. Deutschland, so argumentierte eine Reihe von Historikern, sei immer »mitten in Europa« gelegen. Aus der Banalität dieser geographischen Einsicht zogen sie die geopolitische Schlußfolgerung, die Deutschen hätten zu keiner Zeit ihrer Geschichte ihre eigenen Geschicke wirklich selbst bestimmen können. Das sollte heißen, daß auch die anderen einen Anteil an der Schuld hätten, die aber nur die Deutschen tragen müßten.

In diesen Beteuerungen schwang auch das Motiv einer Flucht vor sich selber mit, vor dem Fluch einer Vergangenheit, die nicht vergehen will. Die Hitlerei hat die Geschicke Deutschlands für unabsehbar lange verhunzt. Das ist nicht allein die Leistung des »Führers«. Er hat lediglich vollendet, zur letzten, schrecklichsten Konsequenz getrieben, was andere, zugegeben ohne jede Ahnung eines solchen Endes, vorbereitet hatten. Der Umstand, daß der Faschismus und dessen noch viel ekelhafterer Bruder, der Nationalsozialismus, im 20. Jahrhundert in jenem Teil Europas entstanden und zu schrecklicher Größe aufschossen, der identisch ist mit jenem Metternich-Europa im 19. Jahrhundert, mag einen ersten Fingerzeig liefern.

Auch wenn diese Feststellung verblüfft, handelt es sich dabei doch nur um ein äußerliches Phänomen. Für dieses gilt der einzig kluge Satz Stalins, den insbesondere seine Gegner stets mißverstanden: »Die Hitler kommen und gehen, das deutsche Volk aber bleibt bestehen.« Das formuliert eine Aporie, die als solche deshalb nicht wahrgenommen wird, weil sie längst selbstverständlich geworden ist. Die Hitlerei ist unterdessen bis in ihre kleinsten und geheimsten Verästelungen ausgeforscht, gedeutet und beschrieben worden. Aber je tiefer und umfassender man in das Geheimnis dieses Grauens vordringt, desto größer wird das Rätsel, warum das deutsche Volk dieser »Banalität des Bösen« nicht nur einfach erlag, sondern sich ihm begeistert in die Arme warf.

Was sich in seinen Dimensionen geradezu wie ein biblischer Sündenfall ausnimmt, wird eine dem Diesseits zugewandte Deutung als Krankheit diagnostizieren, deren Ursachen sowohl wegen der Schwere ihrer Symptome wie wegen ihres pandemisch-epidemischen Auftretens in einer seit langem angelegten Disposition zu vermuten sind. Diese Vermutung gilt es zunächst morphologisch, d. h. durch Identifizierung und vergleichende Beschreibung der noch heute sichtbaren Krankheitszeichen zu erhärten. Der seit 1990 während Prozeß der deutschen Vereinigung liefert für solche Beobachtung geradezu labormäßige Bedingungen. Rund 18 Millionen Landsleute wurden gleichsam über Nacht mit gesellschaftlichen, ökonomischen und politischen Bedingungen konfrontiert, die das Ergebnis einer komplexen Entwicklung waren, von der sie fast ein halbes Jahrhundert lang hermetisch abgeschottet gewesen waren. Die Euphorie der ersten Stunden, die in dem bekannten Satz Willy Brandts Ausdruck fand, daß jetzt zusammenwachse, was zusammengehöre, ist im elften Jahr der vollzogenen Vereinigung längst verflogen. An ihre Stelle sind vielfältig sich artikulierende Enttäuschungen oder dumpfe Ressentiments getreten, die sich in einer erschreckenden Gewaltbereitschaft gegenüber allem, was als fremd und *eo ipso* feindlich empfunden wird, äußern. Hinter diesen Enttäuschungen und Ressentiments verbergen sich Werthaltungen, die durch die SED-Diktatur kaum beeinflußt, lediglich konserviert wurden. Mit anderen Worten: Die Werthaltungen jener, die am 3. Oktober 1990 an den Geltungsbereich des Grundgesetzes »angeschlossen« wurden, spiegeln im wesentlichen ein Bewußtsein wider, das seit 1945 keine grundsätzlichen Veränderungen erfahren hat. Das letzte prägende Erlebnis war der moralische und materielle Zusammenbruch der Nazi-Diktatur. Von der Mitverantwortung wurde die Bevölkerung der DDR aber von Anfang an kollektiv durch die SED-Führung exkulpiert, die den von ihr geschaffenen »Arbeiter- und Bauernstaat« damit legitimierte, daß sie ihn als die Staat gewordene Formation aller »antifaschistischen Kräfte« auswies und ihn so positiv gegenüber der Bundesrepublik abzugrenzen suchte, die als Hort aller nazistischen und revanchistischen Traditionen verteufelt wurde.

Diese fast fünf Jahrzehnte während Bewußtseinsstagnation wurde durch eine Reihe von Umständen abgestützt. Zum einen mittels der alle Lebensbereiche umfassenden Daseinsfürsorge des SED-Regimes, die als paternalistisch kostümierte Binnenlegitimation diente und den Einzelnen um den Preis seiner bloß geheuchelten oder wirklichen Unterordnung unter die ideologischen Postulate von der Verantwortung für eine eigene Daseinsgestaltung weitgehend befreite. Dies konnte um so leichter gelingen, als die Entmündigung zum anderen bereits in der politischen Kultur des Protestantismus angelegt war, die in diesem Teil Deutschlands traditionell dominiert. Von erstrangiger Bedeutung ist aber ein drittes Element, das sich wegen seiner flächendeckenden Verbreitung einer kritischen Wahrnehmung leicht entziehen kann: das vor allem im Osten Deutschlands vorherrschende homogene kulturelle und soziale Kleinbürgermilieu. Daß es sich der Wahrnehmung entzieht, erklärt sich daraus, daß sich seine kennzeichnenden Einstellungen nicht primär als politische Entscheidungen identifizieren lassen, sondern als kulturelle oder traditionale Selbstverständlichkeiten erlebt werden. Dieses Kleinbürgertum träumt seit je den Traum machtgeschützter Innerlichkeit. Dieser Traum hängt dem schlichten, deshalb vermeintlich unpolitischen Ideal einer Versorgungsgerechtigkeit nach, jeder habe sein Auskommen und sein Eigentum, sprich seine soziale Sicherheit. Das Kleinbürgertum ist auch im Westen vorhanden und stellt die in der repräsentativen Demokratie umbuhlte »Mitte« vor, jenes große Wählerpotential, das der Partei zuläuft, die seine Ideale am pünktlichsten und umfassendsten zu erfüllen verspricht, und ihr die Mehrheit beschert.

Seine dem Anschein nach ausgeprägtere Dominanz im Osten Deutschlands verdankt dieses Milieu vor allem zwei

Entwicklungen: Zum einen repräsentiert es noch immer Haltungen, die in der alten Bundesrepublik ihrer äußeren Erscheinungsform nach längst überholt sind, die sich aber dank der unter dem SED-Regime herrschenden Mangelwirtschaft nicht nur konserviert, sondern von diesem zum Zwecke der Machtsicherung sorgsam gehätschelt wurden. Zum anderen mutierte die DDR zeit ihres Bestehens mehr und mehr zum Produkt einer Negativauslese: Wem die kulturelle und soziale Kontrolle zuwider war, die das kleinbürgerliche Milieu engherzig und in trauter Übereinstimmung mit den ideologischen Zielen des Regimes ausübte, suchte sich dem durch Flucht in den Westen zu entziehen, dessen Attraktion auch in seiner Permissivität bestand. Diese Wanderungsbewegung hat seit dem Fall der Mauer im November 1989 erheblich zugenommen. Daraus folgt, daß der Osten Deutschlands weithin jener gesellschaftlichen Fermente entbehrt, die ein Aufweichen des orthodoxen kleinbürgerlichen Milieus von innen her bewerkstelligen könnten; mit der Konsequenz, daß dieses sich in seiner Homogenität mehr und mehr verdichtet.

Diese Vermutungen lassen sich anhand einer Reihe sozialwissenschaftlicher Untersuchungen zumindest mittelbar erhärten. Dies gilt zumal für jene Ergebnisse, die auf einer Tagung des »Zentrums für Gerechtigkeitsforschung« (ZfG) der Universität Potsdam im November 1996 vorgestellt wurden und die überarbeitet und aktualisiert 1999 als Buch erschienen.[1] Die Untersuchungen bestätigen nicht nur eine weitverbreitete »Ostalgie«, also eine nostalgische Verklärung der DDR-Vergangenheit, sondern belegen auch eine dieser Haltung entsprechende skeptische Beurteilung der Lebensumstände im vereinten Deutschland. Die Einschätzungen gründen sich vor allem auf das subjektive Erlebnis, daß das Leben heute, sprich nach der Vereinigung, bei weitem »ungerechter« sei als vordem. Nicht überraschend, daß vor allem jene gesellschaftlichen Werte, die weitgehend deckungsgleich sind mit traditionellen Werten des kleinbürgerlichen Milieus einerseits und andererseits mit den ideologischen Vorgaben des SED-Regimes zu DDR-Zeiten, als wesentlich ausgeprägter und damit implizit positiv wahrgenommen werden. Im einzelnen gilt dies beispielsweise für die »sozialen Werte« wie »Solidarität«, »soziale Sicherheit«, »gemeinschaftliches Leben«, »gesellschaftliche Arbeit«, »gesellschaftliche Anerkennung von Leistung«, »Chancengleichheit« und natürlich »Gerechtigkeit«. Lediglich jene Werte, die diesem Milieu und der SED-Ideologie eher wesensfremd sind, wie »Selbstbestimmung«, »Selbstverwirklichung« oder gar »Freiheit«, werden heute als gewichtiger denn zu DDR-Zeiten eingeschätzt.[2]

Mit anderen Worten: Was sich als »Ostalgie« präsentiert, ist in Wirklichkeit nichts anderes als die Sehnsucht nach einer »sozialen Identität«, in der sich seit je das dem Kleinbürgertum eigentümliche Sehnen materialisiert. Diese Feststellung wird durch die Antworten hinsichtlich der »Bewertung der gesellschaftlichen Ordnung früher und heute« verblüffend bestätigt. Erheblich positiver werden demnach die »Sicherheit vor Verbrechen«, der »Kinder- und Jugendschutz«, der »Staat als Hüter der Bürger«, die »freie Bildungs- und Berufswahl«, ja sogar die »Rechtsprechung« zu DDR-Zeiten bewertet; umgekehrt werden heute lediglich die Felder »Schutz der Bürger vor dem Staat«, »Umweltschutz«, »freie Meinungsäußerung« und »Reisefreiheit« positiver als vor der »Wende« beurteilt.[3]

In dieses Bild fügt sich zum weiteren die Beobachtung, daß sich seit 1990 eine stetig positivere Wahrnehmung der Verhältnisse zu DDR-Zeiten feststellen läßt. Beispielsweise wurde 1995 die Aussage, die DDR habe eine gerechtere Gesellschaft zu verwirklichen versucht, von 74,8 Prozent bejaht und von weiteren 14,9 Prozent teilweise bejaht. Demgegenüber wird der Aussage, die DDR sei vor allem ein Unrechtsstaat gewesen, nur von 18,2 Prozent ganz und von 33,9 Prozent zumindest teilweise zugestimmt, während 42,8 Prozent sie rundweg zurückweisen.[4] Wie erfahrungsresistent diese Aussagen sind, erhellt der Umstand, daß die Umfrage in dem seit der Vereinigung sozialdemokratisch regierten Land Brandenburg angestellt wurde. Dies sollte alle hochgemuten Erwartungen dämpfen, die auf den Erfolg staatsbürgerlicher Aufklärung setzen. Die bundesrepublikanische Gesellschaft wird sich damit abzufinden haben, für lange Zeit im Osten Deutschlands ein orthodoxes kleinbürgerliches Milieu alimentieren zu müssen, das sich erfolgreich hinter Ressentiment und Selbstgerechtigkeit verschanzt hält.

Dem wohlfeilen Verdacht, hier spreche einmal mehr westdeutsche Ignoranz und Arroganz, läßt sich mühelos mit dem Eingeständnis begegnen, daß auch in der »alten« Bundesrepublik die für das kleinbürgerliche Milieu typischen Werthaltungen noch immer einen starken, wenn nicht dominierenden Einfluß auf das politische, soziale und wirtschaftliche Geschehen ausüben. Das Paradebeispiel dafür ist die sogenannte »soziale Marktwirtschaft«, jener überaus erfolgreiche Versuch, den ungezügelten Kapitalismus einzuhegen, ihn durch ein ausgeklügeltes System sozialer Rücksichten zu zähmen. Eines der Dogmen der »sozialen Marktwirtschaft« ist ihr Bekenntnis zur »Mittelstandspolitik«, die vorgeblich unabdingbar sei, will man die Wohlfahrt des Landes gewährleisten. Diese »Mittelstandspolitik« ist aber nur ein anderer Begriff für den vom politischen System garantierten Bestandsschutz spezifisch ökonomischer Interessen jenes Milieus. Das ist am Beispiel des Handwerks zu sehen, das die kleinbürgerliche Wirtschaftsdomäne *par excellence* darstellt und das einen, verglichen mit seiner in der Regel geringen Kapitalausstattung und Umsatzrendite, dennoch erheblichen gesellschaftlichen Einfluß ausübt, den es nicht zuletzt durch die ostentative Betonung seiner kleinbürgerlichen Einstellungen politisch erfolgreich absichern konnte.

Dieser Einfluß ist in den Handwerksinnungen und Handwerkskammern institutionalisiert. Dabei handelt es sich um Nachfolgeorganisationen der alten Zünfte, die im mittelbaren Zusammenhang mit der industriellen Revolution und im unmittelbaren Konnex mit der Errichtung des deutschen Nationalstaats von 1871 verschwanden. Auch wenn diese Innungen und Kammern längst nicht mehr über die sozialen, wirtschaftlichen und damit auch politischen Prärogativen der alten Zünfte verfügen, führen sie auch heute alles andere als ein bloßes Schattendasein. Unmittelbar nach 1945 beispielsweise bedienten sich die Innungen und Handwerkskammern der während des Krieges eingeführten »Bedürfnisprüfung« als eines sehr wirksamen Mittels, um nach alter zünftlerischer Manier »Reingeschmeckte«, sprich Flüchtlinge, die einen Handwerksbetrieb eröffnen wollten und die als lästige Konkurrenz erlebt wurden, mit zumeist fadenscheinigen Begründungen abzuwehren. Dieser Praxis entsprach, daß die öffentlich-rechtlichen Selbstverwaltungsorgane des Handwerks ihre wichtigste Aufgabe in einer massiven Einschränkung der Gewerbefreiheit sahen. Nur in Ausnahmefällen gelang es den Gemeinden, die rigiden Zulassungsbeschränken im Interesse der Verbraucher etwas zu lockern. Diese wahrhaft schamlose Interessenpolitik veranlaßte die Militärbehörden in der amerikanischen Besatzungszone zu dem spektakulären Schritt, mit der Direktive vom 29. November 1948 die Lizenzierung der Gewerbe weitgehend zu unterbinden und den Innungen und Kammern ihren öffentlich-rechtlichen Status abzuerkennen. Gleichzeitig wurde auch der »Große Befähigungsnachweis« abgeschafft.[5]

Gegen die schrankenlose Gewerbefreiheit, die damit zumindest in der amerikanischen Zone eingeführt wurde, lief das Handwerk sofort Sturm. Seine anhaltenden Proteste veranlaßten dann die erste Regierung Adenauer, bereits 1950 den Entwurf einer Handwerksordnung auszuarbeiten, der sich an den traditionellen protektionistischen Handwerksinteressen orientierte. Zwar konnte die »Bedürfnisprüfung«, die eine unmittelbare Konsequenz jener Anstrengungen war, die allenfalls im Rahmen des »totalen Kriegs« zu rechtfertigen waren, nicht mehr gut fortgeschrieben werden, aber die Gesetzesvorlage verhieß dem Handwerk wieder die Einführung des »Großen Befähigungsnachweises« und privilegierte die Innungen und Handwerkskammern auch wieder als öffentlich-rechtliche Körperschaften. Der Entwurf dieses Handwerksgesetzes passierte mit der Zustimmung einer Allparteienmehrheit im März 1953 den Bundestag.[6]

Die Verabschiedung dieses Gesetzes zeigt unmißverständlich, wie sehr die mittelständischen Werthaltungen und Interessen das politische Klima in den Anfängen der Bundesrepublik Deutschland dominierten. Der »Große Befähigungsnachweis« war eine alte Forderung des Handwerks gewesen, die ihm aber erst von den Nazis erfüllt wurde. Es ist dies ein jeder liberalen Wirtschaftsordnung hohnsprechendes Privileg, weil es die Führung eines Handwerksbetriebs wie die Ausbildung von Lehrlingen vom Erwerb eines Meisterbriefs abhängig macht, den die ausschließlich vom Handwerk kontrollierten Innungen und Handwerkskammern nach Ablegung einer Prüfung ausstellen.

Das Handwerk ist aber nur ein verhältnismäßig leicht zu identifizierender Träger von kleinbürgerlichen Werten, die in die gesamte Breite und Tiefe der bundesrepublikanischen Gesellschaft diffundiert sind. Seine unmittelbare Ursache hat dies darin, daß nach dem »Zusammenbruch« des Nazi-Regimes jene alten kulturellen und traditionalen Haltungen, die als politisch, sprich nazistisch, unkompromittiert angesehen wurden, sich für den Neuaufbau einer demokratisch verfaßten Gesellschaft im Zeichen der »sozialen Marktwirtschaft« trefflich nutzen ließen. Dem entsprach zum anderen, daß die deutsche Nachkriegsgesellschaft ausgeprägt kleinbürgerlich strukturiert war, nachdem jene sozialen Fermente, die nicht diesem Milieu zuzurechnen sind, von den Nazis ermordet oder vertrieben worden waren oder ihnen durch den »Zusammenbruch« und die daraus sich ergebenden politischen und wirtschaftlichen Konsequenzen die materielle Basis abhanden gekommen war. So entstand eine bundesrepublikanische Gesellschaft, die in ihrer Verfassungswirklichkeit den sozialen Maßgaben des kleinbürgerlichen Milieus entsprach und die durch den fraglosen Erfolg des »Wirtschaftswunders« mit seinen diversen Konsumwellen eine Rechtfertigung erfuhr, die sie gegen jede Einrede immunisierte.

Wie mentalitätsbestimmend die kleinbürgerlichen Werthaltungen in der bundesrepublikanischen Gesellschaft sind, zeigt etwa die klaglose Hinnahme eines Regulierungs-, Normierungs- und Zertifizierungswahns, der so gut wie alle Lebensbereiche durchdringt. Was einen Fremden besonders verwirren dürfte ist, daß viele dieser quasihoheitlichen Kontroll- und Genehmigungsbefugnisse von privaten Vereinen ausgeübt werden, die keine andere Legitimation vorweisen können, als die Behauptung ihrer »fachlichen Kompetenz«. Die »Technischen Überwachungsvereine« (TÜV) liefern für diese Praxis nur die bekannteste Illustration. Zu nennen wären ferner die zähen Auseinandersetzungen um eine Liberalisierung der Ladenöffnungszeiten, deren Gegner regelmäßig mit Argumenten aufwarten, die dem Kanon der kleinbürgerlichen Einstellungen entliehen sind.

Ein weiteres augenfälliges Merkmal ist die Vergötzung des Eigentums, dessen grundgesetzlich geforderte »Sozialpflichtigkeit« längst zur Leerformel verkommen ist. Den schlagenden Beweis dafür lieferte nicht zuletzt die verheerende Passage im deutschen Grundlagenvertrag, mit der eine Rückgabe von Eigentum an die früheren Besitzer, im Regelfall an deren Erben, vor einer Entschädigung festgelegt wurde. Diese Regelung, die mit einem Federstrich eine nach über fünfzig Jahren ungebrochen andauernder Prosperität ohnedies schon billionenschwere Erbengeneration noch reicher machte, stiftete in der ehemaligen DDR eine leicht vermeidbare Fülle von Härten und Enttäuschungen, die das dort ohnehin zu vermutende Potential an Ressentiment und Selbstgerechtigkeit noch weiter anschwellen ließen.

Ebendies liefert einen Fingerzeig auf den schwärenden und allem Anschein nach stetig sich verschärfenden Gegensatz zwischen West- und Ostdeutschland: Dabei stehen sich weitgehend identische Mentalitäten und Werthaltungen gegenüber. Gravierend unterscheiden sie sich allein darin, daß die im Westen damit ihren »Platz an der Sonne« verteidigen. Demgegenüber glauben die im Osten, sich diesen Platz erst noch erobern zu müssen. Auch meinen sie, schneller ans Ziel zu gelangen, wenn sie vermeintliche Konkurrenten und »Schmarotzer«, in jedem Fall aber Schwächere, treten oder gar totschlagen.

Für hüben wie drüben ist es aber gleichermaßen charakteristisch, daß die Träger dieser Mentalität sich unter allen Umständen als die irgendwie zu kurz Gekommenen empfinden. Die anderen sind immer smarter, schneller, gewitzter, haben die besseren »Startchancen« gehabt, fanden Hilfe und Unterstützung, auch wenn sie diese nicht brauchten, kurz, besaßen alle erdenklichen Vorteile und Vorzüge. Dieses Empfinden ist ein wahrhaft gesamtdeutsches Phänomen. Es stiftet eine Neidgemeinschaft, die allerdings eher entzweit als eint. Ja, sie zerfrißt gerade das, was jene Mentalität positiv stiften soll: soziale Identität. Dieses Ziel, und das ist der wahrhaft schreckliche, wenngleich altvertraute Wahn, läßt sich angeblich nur erreichen, wenn man jene ausfindig macht, verjagt oder gar physisch beseitigt, die als Sündenböcke erkannt wurden.

Als solche kommen zunächst die anderen, die nicht so sind wie man selbst, in Frage. Das sind zum Beispiel die sogenannten »Großkopfeten«, die in irgendwelche fernen Sphären entrückten »Mächtigen«. Dann natürlich die traditionellen Haßfiguren kleinbürgerlichen Geiferns, die anonymen, die wurzellosen und deshalb notwendig weltfremden Bürokraten und Politiker, von denen sich viele im Osten als »Wessis« identifizieren lassen. Schließlich die Intellektuellen und Angehörigen sogenannter »intellektueller Berufe«, die sich mit ihrer als »Klugscheißerei« empfundenen Kritik überall einmischen und damit sogar noch ein weit über ihre Verhältnisse bequemes Auskommen finden. Kurz, es ist das gesamte Personal jener, denen während der öden Saturnalien des Kleinbürgertums, der Faschingszeit, nach einem feststehenden Ritual der

Schmähprozeß gemacht wird, indem man ihnen im Schutz der Maske endlich das offen sagt, was man sich sonst nie trauen würde.

Auf diesen Veranstaltungen feiert der Neid der vermeintlich Zukurzgekommenen wahrhaft obszöne Urstände. Bezeichnenderweise hat aber bis heute der Umstand noch nicht die ihm gebührende Aufmerksamkeit gefunden, daß seit der deutschen Vereinigung diese Art Faschingstreiben sich bis in die entlegendste Provinz ausgebreitet hat, wo vorzüglich seine Mainzer Vorbilder täppisch nachgeahmt werden. Um so erstaunlicher, als dieser Schabernack im überwiegend protestantischen Osten keinerlei Traditionen hat. Aber es wächst eben zusammen, was zusammen gehört, und die Lebensverhältnisse in Ost und West gleichen sich gerade auf Feldern am raschesten an, wo man dies kaum erwartet hätte.

Dieser Mummenschanz ist ein eher harmloses, eher mit milder Nachsicht als ernster Empörung zu gewärtigendes Sich-Luft-Machen des Milieus, das dabei nicht selten seine eigenen Ängste und Erwartungen verulkt. Etwas ganz anderes aber ist es mit jenem Haberfeldtreiben, den spontanen Menschenjagden, bei denen im Osten Deutschlands vorzugsweise ein wegen seiner Hautfarbe leicht identifizierbarer Ausländer von einem johlenden Mob durch die Straßen gehetzt, schließlich niedergeschlagen, getreten und bespuckt wird und der, wenn er Glück hat, vielleicht mit dem Leben davonkommt.

Da stehen dann alle jene tatenlos dabei, hinter ihren Scheibengardinen in adretten Wohnungen verschanzt, die sonst vollzählig die »Faschings-Prunksitzungen« besuchen, sich vor Lachen schier ausschütten wollen und begierig die Holperverse aufnehmen, mit denen die »Büttenredner« das angebliche »Schmarotzertum« von Ausländern und

»Asylanten« anprangern, die es sich vor allem auf Kosten der kleinen Leute wohl sein lassen, ihnen die Arbeitsplätze wegnehmen und ihre Töchter verführen. Am Wahltag aber, da lasse man sich nicht täuschen, wählen sie alle die große Kleinbürgerpartei in Deutschlands Osten namens CDUPDSFDPSPD und begreifen sich als aufrechte Demokraten, was ihnen Politiker gerne bestätigen.

Bisweilen werden solche Menschenjagden zur regelrechten Massengaudi. Man erinnere sich nur an jene Menschenkulisse, die das lichterloh brennende Asylbewerberheim in Hoyerswerda umstellte, die Angreifer anfeuerte, nicht nachzulassen, und die gleichzeitig Polizei und Feuerwehr daran zu hindern suchte, zum Tatort vorzudringen. Oder an ähnliche Szenen in Rostock-Lichtenhagen. Das hat weltweit keinen guten Eindruck gemacht. Andererseits ist »Weltniveau« ein Begriff, der unseren ostdeutschen Landsleuten noch aus SED-Tagen als ein Prämien verheißendes Ziel geläufig ist. Und wenn es etwas zu gewinnen oder zu verlieren gibt, dann ist auch der ostdeutsche Kleinbürger erstaunlich lernfähig. Das mag erklären, daß man derart widrige Szenen seither nicht mehr gewärtigen mußte, was andererseits aber nichts daran ändert, daß die Menschenjagden munter weitergehen.

Der Kleinbürger, der sich stets als geborenen Verlierer sieht, ist aus schierem Instinkt feige. Nur die Gruppe, die geifernde Rotte verleiht ihm die Illusion von Stärke, Macht und Bedeutung. Trotzdem bleibt das Objekt seines Hasses der Schwache, einer, der in der sozialen Hackordnung noch unter ihm rangiert, der Obdachlose, der Körperbehinderte, der andersfarbige Ausländer. Der Obdachlose, der Körperbehinderte werden als »Zecke«, als Schmarotzer diffamiert, als Konsumenten von Leistungen, die andere, sprich vor allem die ewig ausgebeuteten und geduckten Kleinbürger erbringen müssen. Dann macht man mit den Diskriminierten gelegentlich exemplarisch kurzen Prozeß. Die andersfarbigen Ausländer hingegen, die »Reingeschmeckten«, werden zu Konkurrenten dämonisiert, zu irgendwie Überlegenen im Kampf um Arbeitsplätze oder – dies ist seit dem mittelalterlichen Hexenwahn ein vertrauter Topos – überlegen im sexuellen Wettbewerb.

Da hat so manches, was heute verschreckt und verstört, eine sehr lange Tradition, die tief in den Ängsten des Kleinbürgertums verwurzelt ist, das nicht erst vor zehn Jahren unter dem Schock der deutschen Vereinigung auf einmal entstanden ist, dessen Existenz auch nicht der erfinderischen Repression des SED-Regimes angelastet werden kann, ja, dessen gelehrigen Potentials sich schon die Nazis bedienten, deren braune Massen vor allem aus ihm aufquollen, kurz, dessen Entstehung weit hinab in die Geschichte der Deutschen reicht; in Zeiten, von denen noch heute spitzgieblige Baudenkmäler künden, die keineswegs von ungefähr deshalb als Kulisse in jenen ach so beliebten Fernsehprogrammen herhalten müssen, in denen zu bester Sendezeit die Volksmusik aufspielt. Wahrlich, kein schöner Land!

Wer Anstoß erregt und daran Schaden nimmt, hat die einmalige Chance, daraus zu lernen. Das bleibt dennoch ein mühsamer Prozeß, den mancher sich listig zu verkürzen sucht. Damit war man eine ganze Weile recht erfolgreich. Namentlich der Ausländerhaß wurde verharmlost, Exzeßtaten wurden zu Einzelfällen irregeleiteter Jugendlicher erklärt, denen es an Perspektiven oder auch nur an jugendgemäßen Vergnügungen mangele. Letztlich trage der Staat, die Gesellschaft dafür die Verantwortung, man selber, so nicht wenige Bürgermeister aus Orten, die wegen Haßtaten in die Schlagzeilen kamen, könne da wenig ausrichten. Die Forderung, jedem Dorf seine eigene Disko auf Kosten des Steuerzahlers zu geben, wurde zwar in diesem Zusammenhang noch nicht erhoben, aber angesichts der zahlreichen sozialpräventiven Maßnahmen, die angelaufen sind oder die vorgeschlagen wurden, liegt sie gleichsam in der Luft.

Dem entspricht, daß das Potential »rechter Gewalt« – eine falsche Vereinfachung, weil man glaubt, es mit irgendwelchen nazistischen Ideologien der eigenen Bequemlichkeit halber in Beziehung setzen zu können – für lange Zeit von den politisch Verantwortlichen geflissentlich übersehen wurde. Die Hakenkreuzlerei und die einschlägigen Haßgesänge dienen Jugendlichen, die von Hitler oder dem Nazismus so gut wie nichts wissen, häufig lediglich dazu, eine unzweideutige Gruppenidentität herzustellen. Mannigfache soziale Ängste entladen sich hier in lauthals geäußerten Ressentiments, die mit sicherem Instinkt für deren plakative Wirkung mit den obligaten Nazi-Paraphernalia und rasch eingelernten Sprüchen verkleidet sind. Daß »richtige« Nazis in dieser ideologisch amorphen, frei flottierenden Krawallszene Proselyten zu machen suchen, kann nicht weiter überraschen. Ob sie damit Erfolg haben, darf bezweifelt werden.

Es bleibt dabei, daß die politisch Verantwortlichen allzu lange jene gewaltbereiten Ressentiments geflissentlich übersehen haben, selbst noch zu Zeiten, da sie so offensichtlich waren wie ein Pickel auf der Nase. Aber auch dafür lassen sich, wenn schon nicht gute, so doch plausible Gründe und Abgründe vermuten. Zum einen entstammen nicht wenige Abgeordnete, die in den fünfzehn Landtagen wie im Bundestag sitzen, aus ebenjenem kleinbürgerlichen Milieu, sind also Fleisch von diesem Fleisch, Geist von diesem Geist und verdanken diesem Milieu zumindest ihre

Wahl. Das stiftet eine Nähe, die manchen zuzeiten einholt, auch wenn dieser immer wieder, wenn er denn ertappt wird, beteuert, er rede dem Volke nicht nach dem Maul; was ihn andererseits aber nicht daran hindern dürfe, mit dem Volk, dem Wähler, zu sprechen. Der CDU-Generalsekretär Laurenz Meyer hat diese Einsicht auf dem »Kleinen Parteitag« der CDU in Stuttgart Ende November 2000 programmatisch geadelt, als er sagte: »Wir müssen nicht alles nachsprechen, was die Stammtische sagen. Aber wir müssen an den Stammtischen verstanden werden.«[7]

Wer so argumentiert, wandelt auf schmalem Grat, denn in ein solches Gespräch, mit dem ein Politiker stets auf Akzeptanz schielt, kommt nur, wer seine Sympathie nicht unter den Scheffel stellt. Das Bierzelt ist dafür der gemäße Ort, und stünde dieses auch ausgerechnet in Dachau, wo der notorische CDU-Politiker und hessische Ministerpräsident Roland Koch im Sommer 2000 verkündete, die Gefahr des Rechtsextremismus werde in Deutschland weit überschätzt. So etwas beweist, daß mancher gar nicht erst hören muß, was das Volk meint, um ihm nach dem Maul zu reden, wenn er mit ihm redet. Nein, außer Frage steht, daß die »Boot-ist-voll«-Metapher eine seit langem geläufige Formel in politischen Reden ist, ebenso wie die Warnung vor »Überfremdung« oder angeblichem »Asylmißbrauch« und ähnlichem mehr. Das Milieu und seine Ängste reden eben aus Politikermund, und dann ist das Entsetzen jedesmal groß, wenn diese unverantwortlichen Worte ihr Echo in verbrecherischen Taten finden.

Bekanntlich haben Ärzte die Tendenz, die Schwere eines Krankheitsbilds gegenüber dem Patienten schönzureden. Auch Politiker tun sich schwer, ihrem Wahlvolk die Wahrheit oder gar die Meinung zu sagen, zumal dann, wenn diese in deutlichem Widerspruch zu Volkes Ansichten steht.

Sie vermeiden dies selbst dann, wenn es gälte, mit klaren und deutlichen Worten die Mündel vor Schaden zu bewahren, den diese sich mit ihrem Betragen zufügen. Das Exempel dafür liefern die lange Zeit sehr zaghaften Politikerreaktionen auf den manifesten Fremdenhaß in vielen Regionen und breiten Bevölkerungsschichten. Wie vorherrschend dieses Stimmungsbild in Ost und West tatsächlich ist, zeigte eine Umfrage des Forsa-Instituts vom August 2000 unmißverständlich. 51 Prozent der Ostdeutschen glauben demnach allen Ernstes, in Deutschland lebten zu viele Ausländer. Diese Vermutung steht in einem genau umgekehrt proportionalen Verhältnis zum tatsächlichen Ausländeranteil in Ostdeutschland, der sich auf gerade einmal 2,2 Prozent beläuft. Vermutlich dürfte er noch wesentlich niedriger sein, rechnete man die Zahl der in Berlin lebenden Ausländer heraus. Im Westen, wo der Ausländeranteil 10,4 Prozent beträgt, vertraten rund 37 Prozent diese Ansicht. Laut dieser Umfrage fühlt sich überdies jeder achte Westdeutsche von den hier lebenden Ausländern ausgenutzt, in Ostdeutschland ist es jeder vierte.[8]

Diese Zahlen belegen eindeutig, was oft relativiert wird, daß nämlich fremdenfeindliche Einstellungen besonders in Ostdeutschland verbreitet sind. Einen derart eindeutigen Befund dadurch abmildern zu wollen, wie es verantwortliche Politiker gerne tun, indem sie auf die schwierigen und noch immer nicht vollständig gelösten Probleme hinweisen, die der ostdeutschen Bevölkerung aus der von ihr überschwenglich geforderten Vereinigung erwachsen seien, zeugt von viel gut gemeintem, aber in der Sache falschem Verständnis. Seit der Vereinigung sind mehr als zehn Jahre ins Land gegangen, und an den Badestränden der Adria über Mallorca bis hin zur Dominikanischen Republik ist der melodische Wohllaut des sächsischen Idioms längst den Ohren der Einheimischen zu einem vertrauten Klang geworden. Also kann der geläufige Umgang mit der ihnen alles andere als gewohnten Reisefreiheit den Ostdeutschen keinen sehr schwierigen Lernprozeß abverlangt haben.

Warum sollte man von ihnen also auf anderen Feldern sozialen Verhaltens nicht ähnlich rasche Fortschritte erwarten dürfen? Warum muß man ausgerechnet den manifesten ausländerfeindlichen Ressentiments im Osten mit Nachsicht und Langmut begegnen, ganz so, als handle es sich bei den einschlägig motivierten Exzeßtaten um gewiß bedauerliche, aber leider unvermeidbare, weil entwicklungsbedingte »Kinderkrankheiten« oder Ungezogenheiten? Die immer wieder beteuerte Hoffnung, daß dieses abweichende Betragen mit wachsender Reife, sprich mit einer fortschreitenden Angleichung der östlichen Lebensverhältnisse an die im Westen, von alleine verschwinden werde, dürfte sich jedoch als wohlfeiler Köhlerglauben erweisen. Toleranz, also das Wahrnehmen und Zulassen oder Aushalten von Unterschieden, ist eine unabdingbare sittliche Größe der Zivilgesellschaft. Sie stellt sich aber nicht, wie die gängige vulgärmarxistische Überlegung der diesfalls unverantwortlichen Verantwortlichen zu sein scheint, als quasi automatische Folge materieller Saturiertheit ein, sondern ist das Ergebnis eines geduldigen Erziehungsprozesses, der Aufklärung im Schilde führt.

Gewiß ein steiniger Weg, den Regierende, die an der Macht bleiben wollen, nur ungern beschreiten, da er sie bei den Wählern Sympathien kosten dürfte. Ganz deutlich ist dieses Kalkül bei der Partei des Demokratischen Sozialismus (PDS) festzustellen, von der die als »Ostalgie« verharmlosten Ressentiments jener kleinbürgerlichen Milieus und Mentalitäten, die sich in indolenter Selbstgerechtigkeit als die ewig Zukurzgekommenen empfinden, gepflegt und artikuliert werden. Das gilt aber auch für große Teile der CDU und SPD im Osten, die, von den Erfolgen der PDS verschreckt, sich deren populistische Rezepte abgeguckt haben, um sich so mit allmählich versagenden Kräften an eine Macht zu klammern, die der politischen Ohnmacht verzweifelt ähnlich sieht.

Keineswegs geht es jedoch darum, und es kann nicht schaden, dies noch einmal zu betonen, mit dem Finger auf die Entwicklung in Ostdeutschland zu zeigen und dort Symptome anzuprangern, von denen man gewiß sein kann, daß sie weder in dieser Deutlichkeit noch in einer vergleichbaren Häufigkeit im Westen festzustellen sind. Aber, auch wenn hier gelegentlich Asylbewerberheime brannten und manch einer darob »klammheimliche Freude« empfand, so irrte man, berücksichtigte man nur derartige Geschehnisse für die hier in Rede stehende Morphologie. Damit diese ein annähernd vollständiges Bild geben kann, gilt es dem Umstand Rechnung zu tragen, daß im Westen die Ressentiments des kleinbürgerlichen Milieus längst zu geläufigen Bestandteilen des Diskurses »geläutert« worden sind, der beispielsweise die Fragen nach den »letzten Dingen« umwabert. Dieser Diskurs, der seit den sogenannten »Befreiungskriegen« gegen die napoleonische »Tyrannei« zu Beginn des 19. Jahrhunderts zum ehernen Bestand deutscher Geisteskultur gehört und der immer wieder »Renaissancen« erlebte – die letzte im unmittelbaren Zusammenhang mit der vom damaligen Bundeskanzler Helmut Kohl 1982 angekündigten »geistig-moralischen Wende« –, stellt den immer wieder sich als untauglich erweisenden Versuch dar, die mannigfachen Befangenheiten des Kleinbürgertums zu transzendieren, seine Ressentiments zu Tugenden zu verklären, aber gleichzeitig dessen manifeste Vorteile und »heimatliche« Anmutungen auch unter entschieden veränderten politischen, gesellschaftlichen und ökonomischen Rahmenbedingungen zu bewahren. Seinen Topos hat dieser Diskurs in der Frage nach der »Identität der Deutschen«. Ein Rätsel übrigens, das unter Völkern und Staaten einer vergleichbar hohen Zivilisationsstufe allein in diesem Land kluge und weniger kluge Köpfe so sehr umtreibt, daß es schon Friedrich Nietzsche zu dem hellsichtigen Spott inspirierte, die Deutschen zeichne es aus, daß bei ihnen die Frage »Was ist deutsch?« niemals aussterbe.[9]

Das verhindert gleichzeitig nicht, daß viele Deutsche hartnäckig glauben, einen Begriff von sich zu haben, den sie zwar nicht benennen, sondern allenfalls mit Artefakten illustrieren können, in denen sich angeblich der spezifisch »deutsche Geist« und genuin »deutsche Werthaltungen« aussprechen: deutsche Kunst, deutsche Gotik, deutsche Wertarbeit ... Diese kindliche Ausflucht, sich seiner selbst durch die Benennung von wirklichen oder vermeintlichen eigenschöpferischen Leistungen zu vergewissern, hat ihren Ursprung darin, daß die Deutschen erst durch einen äußeren Anstoß, durch eine Erfahrung, die dem Erleben einer Naturgewalt gleichkam, dazu genötigt wurden, sich als Gegenstand der Selbsterkundung zu entdecken. Dieser Anstoß war die Französische Revolution.

Das erhellt, daß »Volk«, hierzulande stillschweigend mit dem Eigenschaftswort »deutsch« verbunden, als Begriff der Selbstorganisation und Selbstwahrnehmung politischer Handlungseinheiten erst um das Jahr 1800 vermehrt auftaucht.[10] Den Ausschlag für seine rasch einsetzende Karriere gab dann zum einen, daß »Volk« als politischer Gegenbegriff zum französischen *nation* gebraucht wurde; zum anderen war darin die Anmutung an die aus Altem

wie Neuem Testament vertraute Formel des »Gottesvolks«
enthalten. Vermutlich war das sogar der entscheidende
Vorzug: Anders als *nation* konnte »Volk« unter den obwaltenden politischen und gesellschaftlichen Voraussetzungen nur dann als Begriff funktionieren, wenn man ihm den
zentralisierenden und demokratischen Inhalt verweigerte,
der eben der *nation une et indivisible* mit der Revolution
zugewachsen war. Folgerichtig wurde der Begriff »Volk«
einerseits von Ernst Moritz Arndt und Fichte mit einer
Emphase aufgeladen, die ihn gegen kritische oder politisch
gegenläufige Infragestellungen immunisieren sollte; zum
anderen entwickelte er sich rasch zu einem spezifisch deutschen Kompensationsbegriff, der lediglich sprachlich ein-
zulösen verhieß, was in Frankreich mit *nation* nicht nur
begrifflich eindeutig definiert, sondern politisch bereits
verwirklicht worden war.

Von dem Dilemma geben die Schriften Fichtes oder
Arndts Zeugnis. Fichtes *Reden an die deutsche Nation* von
1808 sind, wie er in seiner ersten Rede programmatisch be-
tonte, adressiert an »Deutsche schlechtweg, von Deutschen
schlechtweg, nicht anerkennend, sondern durchaus [...]
wegwerfend alle die trennenden Unterscheidungen, welche unselige Ereignisse seit Jahrhunderten in der einen Nation gemacht haben«. Daß sich mit solchem Sprachwulst
die reale Erfahrungsdifferenz zwischen *nation* und »Volk«
nicht idealistisch überspielen ließ, dämmerte wohl auch
Fichte, der deshalb auf eine vorgeschichtliche Evidenz
rekurrierte und die Deutschen in seiner siebten Rede als
»Urvolk, das Volk schlechtweg, Deutsche« ansprach. Vermutlich mit derselben Schwierigkeit konfrontiert, flüch-
tete sich Arndt in seinem *Katechismus für den teutschen
Kriegs- und Wehrmann* von 1813, mit dem er die »Befrei-
ungskriege« gegen Napoleon zum »heiligen Krieg« über-

höhte, in eine theologische Hoffnung: »Ja, teutsches Volk, Gott wird dir Liebe und Vertrauen geben, und du wirst erkennen, wer du bist und wer du sein sollst ...«[11]

Sowohl die Ideologisierung des Begriffs »Volk« durch Fichte wie Arndts Versprechen auf Identitätsfindung durch rücksichtslose Aggression sollten Schule machen. Erstmals drängten die beiden Ströme nationalen Sehnens in der gescheiterten Revolution von 1848 zur Tat: Allen Ernstes wurde damals in der Paulskirche ein nationaler Kreuzzug gegen Rußland erwogen. Das geeinte Deutschland, so der Fiebertraum, sollte aus den Wehen eines großen deutsch-russischen Krieges geboren werden, aus einem Morast von Blut und Leiden sollte der deutsche Phönix aufsteigen! Daraus wurde bekanntlich nichts – eine Erfahrung, die aber jene beiden Traditionsströme dennoch nicht versiegen ließ, wie sich spätestens im August 1914 zeigte.

Ausgerechnet das 1871 mittels »Blut und Eisen« gestiftete Reich hatte erheblichen Anteil daran, daß sowohl die Ideologisierung des Begriffs »Volk« wie das Versprechen auf Identitätsstiftung durch Aggressionsvollzug virulent blieben. Zwar wurde den Deutschen damals ein Nationalstaat beschert, aber dessen Verfassung begriff das Volk nach wie vor in obrigkeitsstaatlicher Tradition als Untertanen statt als selbstverantwortliche Staatsbürger. Bezeichnend für den Geist dieser Verfassung ist auch, daß der Reichstag erst 1915 die Giebelinschrift »Dem deutschen Volke« erhielt, die also das »Volk« nach wie vor als Adressaten und nicht als Souverän verstand.

Der Krieg, auch hier der »Vater aller Dinge«, verwandelte das »Volk« zur lang ersehnten Handlungseinheit. Entsprechend wurde das Kaiserliche Heer zum »Volksheer« und der Krieg zum »Volkskrieg«. Der mit soviel Gläubigkeit, ja Inbrunst geführte Kampf erwies sich jedoch als schreckliche, trügerische Halluzination. Das kollektive Ausleben von Aggression mündete nicht in eine Identitätsstiftung, und aus den giftigen Schwaden des Gaskriegs und den »Stahlgewittern« vor Verdun trat nicht das »deutsche Volk schlechtweg« hervor. Der durch Erschöpfung erzwungene Waffenstillstand vom November 1918 konnte die Tatsache der Niederlage nicht verdecken. Dennoch verweigerten sich viele Menschen der grausamen Erkenntnis, daß so große Opfer umsonst gebracht, daß soviel Gläubigkeit vergebens gefühlt worden war. Dieses Erlebnis, um alle Hoffnungen und Erwartungen betrogen zu sein, schuf ein breites Ressentiment, das der revolutionären Rechten als Nährboden diente. Sie usurpierte nun die vordem kaum gebräuchlichen Begriffe »national« und »Nationalismus«, kultivierte sie zielstrebig und lud sie in ihrem Sinn positiv auf.

Die schauderhafte Nachgeburt, die auf den Untergang des Reichs von 1871 und das Zwischenspiel der »ungeliebten Republik« folgte und durch solches Schwadronieren nicht nur schön-, sondern auch herbeigeredet wurde, war das »Dritte Reich« Adolf Hitlers, in dem all die enttäuschten Träume von Herrlichkeit und Einheit des deutschen Volkes schreckliche Wirklichkeit wurden. Die NSDAP erhielt in *Mein Kampf* ihr Zukunftsprogramm diktiert – »die Nationalisierung der bewußt antinationalen Masse«. Dieser Nationalismus wies von Anfang an zwei Komponenten auf, die den Begriff »Volk« – eben des Volkes, das seit der Revolution von 1918 als Souverän proklamiert und damit als politische Handlungseinheit anerkannt war – ins Fürchterliche transzendierten: Aggressivität und Rassismus. Der Expansionsdrang des Hitlerschen Nationalismus, der beispielsweise in Hans Grimms Bestseller *Volk ohne Raum* Ende der 1920er Jahre vorgedacht worden war und dessen Titel zum Schlagwort gerann, fand zunächst in den deutschsprachigen, aber nicht zu Deutschland gehörenden Randgebieten wie Deutsch-Österreich oder dem Sudentenland lebhaften Zuspruch. Dem lag ein rasch aggressiver werdender Begriff von »Volkstum« zugrunde, der Minderheitenrechte oder Autonomiestatuten als Petitessen verlachte und schon früh den Alptraum von »Ein Volk, ein Reich, ein Führer« träumte. In dem Maße jedoch, wie dieser Volkstumsbegriff rassenbiologisch unterwandert und schließlich in kausalen wie temporalen Zusammenhang mit den Eroberungskreuzzügen nach Osten exklusiv rassistisch definiert wurde, ersetzte man die politische Handlungseinheit »Volk« durch die exterminatorische Handlungseinheit »Rasse«.

Welchen Ausgang dieser Wahnsinn nahm, in dessen Vollzug die heilsgeschichtliche Metapher »Erlösung« zu »Endlösung« verkam, ist hinlänglich bekannt. Danach waren die Begriffe »Rasse« oder »Volksgemeinschaft« – ganz zu schweigen von den mehreren tausend Komposita wie »Volksempfänger«, »Volkssturm« etc., bezeichnenderweise aber nicht »Volkswagen« oder »Volksgesundheit« – nach 1945 heillos kompromittiert. Auf den Begriff »Volk« wurde aber nicht verzichtet, auch wenn er noch lange Zeit ideologisch kontaminiert blieb. Dies mag die von manchen empfundene hartnäckige und verständliche Abneigung gegen diesen Begriff erklären, der aber, vielleicht *faute de mieux*, gebraucht wurde, um die innerstaatliche Verfassung der beiden deutschen Staaten bis zu ihrer Vereinigung 1990 zu rechtfertigen.

Tatsächlich ist der schwammige Begriff »Volk« angesichts der spezifisch deutschen Verhältnisse auch aus einem anderen naheliegenden Grund nicht durch den weitaus präziseren der »Nation« zu ersetzen: In »Volk« drückt

sich die politische Anerkennung der weiterhin vorherrschenden kulturellen und sozialen Geltungsansprüche und
Werte des Kleinbürgertums aus. Das war der Preis, den der
deutsche Nationalstaat von Preußens Gnaden einst diesem
Milieu gerne schuldete, um sich dessen Loyalität zu sichern, nachdem es seiner weitgehenden sozialen, wirtschaftlichen und damit mittelbar politischen Autonomie
im Zusammenhang mit dieser Nationalstaatswerdung verlustig gegangen war. Dieser Preis entsprach im übrigen
ganz den Interessen der preußischen Hegemonialmacht,
der nichts mehr widerstrebte, als ein Aufgehen oder Verschwinden Preußens in Deutschland, in der deutschen
Nation. In Frankreich hingegen, wo die Revolution die Republik, den *citoyen* und die *nation* schuf, verschwand das
einst mächtige, in Zünften und Gilden organisierte und
mit entsprechenden sozialen, wirtschaftlichen und politischen Gestaltungsmöglichkeiten ausgestattete Kleinbürgertum weitgehend. Und bezeichnenderweise unternahm
auch keine monarchische Restauration den Versuch, diese
Entwicklung wieder rückgängig zu machen. Daß Rudi-
mente davon, beispielsweise in der *Poujade*-Bewegung,
immer mal wieder eine gewisse Renaissance erleben und
für Unruhe sorgen, gehört zur politischen Folklore der
*nation une et indivisible* und ist lediglich ein ephemeres
konjunkturelles Phänomen. Der Umstand jedoch, daß die
Bevölkerung der DDR durch Massendemonstrationen, die
der Parole »Wir sind das Volk« und schließlich »Wir sind
ein Volk« Nachdruck verliehen und den »Arbeiter- und
Bauernstaat« damit erfolgreich delegitimierte, brachte
dem Begriff »Volk« nach Meinung vieler trotz seiner fata-
len Vorgeschichte wieder eine neue, eine gleichsam demokratisch gereinigte und gerechtfertigte Emphase ein. Eine
solche Annahme perpetuiert indes den alten Unfug, zumal

der durch diese Straßendemonstrationen beschleunigte Zusammenbruch des DDR-Regimes kein Ereignis konstituierte, das sich irgend mit der Französischen Revolution von 1789 vergleichen ließe. Der »gesamtdeutsche« Versuch, daraus einen neuen Mythos vom »Volk« entwickeln zu wollen, dessen Glaubwürdigkeit mit falsch verstandenen historischen Versatzstücken wie der Giebelinschrift am Reichstag »bewiesen« werden sollte, gibt jedoch den Blick in Abgründe frei, die der aufgeklärte Zeitgenosse bislang zugeschüttet wähnte.

Die aufgeregte Kontroverse um Hans Haackes künstlerische Provokation, im Lichthof des Berliner Reichstagsgebäudes einen Trog voller »Heimaterde« aufzustellen und ihn mit dem Leuchtschriftzug »Der Bevölkerung« zu versehen, lieferte dafür mehr als genug Hinweise. Von besonderer Pikanterie war der Vorwurf der »Verfassungswidrigkeit«, der gegen Haackes Projekt erhoben wurde. Seine Widmungsinschrift »Der Bevölkerung«, so wurde argumentiert, stelle den »ethnozentrischen Nationenbegriff«, zu dem sich das Grundgesetz angeblich bekenne, nicht nur in Frage, sondern ersetze diesen geradezu durch die verfassungsrechtlich nicht gedeckte Kategorie der »Zivilgesellschaft«. Zwar geht, wie es das Grundgesetz lakonisch formuliert, alle Gewalt »vom Volke aus«, doch dürfte längst klar sein, daß das so bezeichnete »Volk« durchaus nicht im alten, vielfach kompromittierten ethnisch-nationalen Sinne zu begreifen ist, sondern als der Souverän, der seinen politischen Willen unter je aktuellen Umständen neu artikuliert. So verstanden löst sich das überständige historisch-mythische »Volk« auf in die Menge der konkreten Staatsbürger, die die Verantwortung, Willensbildung und freie Verfolgung ihrer durchaus kontroversen politischen Interessen und Anschauungen im Rahmen eines zwar stets wechselnden, aber den demokratischen Spielregeln unterworfenen Diskurses selbst wahrnehmen. »Bevölkerung« ist die sicherlich nicht besonders glückliche, aber dem Vorgang angemessene Benennung dieses Begriffswandels.

Wenn nun die Gegner von Haackes Projekt dagegen den Popanz einer angeblich bedrohten »nationalen Identität« mobilisieren, dann verraten sie damit nur, daß sie bis zum Hals in einem giftigen Sumpf vielfach lädierter Mythen stecken, dessen Modergeruch ihnen die Sinne vernebelt. Tatsächlich dürfte es ihnen aber vor allem darum zu tun sein, den Begriff »Zivilgesellschaft« erfolgreich zu diffamieren und zu diskreditieren, den das kleinbürgerliche Milieu als Trojanisches Pferd, wenn nicht gar als Gottseibeiuns perhorresziert, sprengt er doch die machtgeschützte Innerlichkeit, jene imaginären Mauern und Tore auf, hinter denen sich miefige Idyllik und dumpfe Heimatversessenheit verschanzen. Die liberale Permissivität der Zivilgesellschaft, die sich auf den Wertekanon der Aufklärung gründet und die den »Verfassungspatriotismus« (Dolf Sternberger) zum Credo hat, ist *eo ipso* der erklärte Feind engherziger und engstirniger Exklusivität. Aus dieser Feindschaft erklären sich auch der Furor wie die grobschlächtigen Argumente, mit denen die Gegner des Haacke-Projekts herumfuchtelten und diesen Streit zum Fanal entfachten, in dessen Widerschein die ungeheure Sinnleere bengalisch ausgeleuchtet wurde, die Deutschland seit 1945 erfüllt und die bis 1989 durch Teilung und Ost-West-Konfrontation maskiert wurde. Als deren tiefste Ursache lassen sich die grauenhaften Folgen jener so überaus erfolgreichen »völkischen« Identitätsstiftung ausmachen, mit der die Nazis die Deutschen und ihre Nachbarn beglückten. Diese Leere findet ihren wahrhaft symbolischen

Ausdruck in jener gewaltigen Brachfläche in der Mitte von Berlin, auf der einst das Stadtschloß der preußischen Könige stand und das dort wieder als Pseudorekonstruktion erstehen soll, um diese vielen unerträgliche, weil zentrale Ödnis zu möblieren. Ein solcher Geisterbau, von dem niemand weiß, wie er zu finanzieren, geschweige zu nutzen sei, gilt seinen Befürwortern als essentiell für die »nationale Identität!« – Wie bei einem Fluch kommt in dieser Paradoxie wieder jene Aporie der Leere zum Vorschein, die just mit ihr kaschiert werden soll und aus der Hans Haacke mit seiner Installation symbolisch und elegant zugleich einen zivilgesellschaftlichen Ausweg weist. Außerdem kann sich der Glaube, historischen Baudenkmälern eigne eine besondere symbolische Bedeutung für jene »nationale Identität«, auf eine eigene, allerdings fragwürdige Tradition berufen. Die Idee nämlich, daß solchen Bauten eine über ihre ursprüngliche Funktion hinausweisende Sinnhaftigkeit eigne, die sich auf einen nationalen Erwartungshorizont projizieren läßt, entsprang als Idee dem Haupt der Minerva im Vorfrühling des deutschen Nationalbewußtseins. Als erste mächtige Manifestation läßt sich die Kölner »Dombaubewegung« identifizieren, die der Vollendung dieses Bauwerks vorausging, mit der am 4. September 1842 begonnen wurde. Die reiche Künstlerphantasie Friedrich Wilhelms IV. – der die Welt die Erfindung der Pickelhaube verdankt und die vor allem in der Ausgestaltung pseudomittelalterlicher Reichsphantasien schwelgte – ließ den König bei dieser Gelegenheit davon schwadronieren, daß der Kölner Dombau als ein »Werk des Brudersinns aller Deutschen, aller Bekenntnisse« gelten werde. Und Majestät verbanden damit auch die Erwartung, daß dem Bau »alles Arge, Unechte, Unwahre und darum Undeutsche« fern bleibe.

Damit war ein Ton angeschlagen und ein Beispiel gegeben, die beide in Deutschland Karriere machen sollten. Das verschwiegene Vorbild dafür lieferte indes Frankreich, wo bereits während der bourbonischen Restauration in den 1820er Jahren damit begonnen worden war, die Bauzeugnisse des mittelalterlichen Frankreich, die entweder durch jahrhundertelange Vernachlässigung oder durch gezielte Zerstörung während der Revolution Schaden genommen hatten, wiederherzustellen. Im Unterschied zu Frankreich aber, das diese Bauten ohne größere Verrenkungen als »steinerne Zeugen« für die historische Kontinuität seiner Nationalstaatlichkeit ideologisch verrechnen konnte, galt es in Deutschland, diese nationalstaatliche Kontinuität überhaupt erst zu entwerfen, für die man aber sicherheitshalber schon einmal die Baudenkmäler errichtete, die von ihr dann künden sollten.

Vor diesem Hintergrund erscheint das Vorhaben, das Berliner Stadtschloß zu rekonstruieren, in doppelter Weise fragwürdig und unhistorisch. Zum einen wird über alle Abbrüche und Abgründe hinweg auf einen geradlinigen Traditionszusammenhang spekuliert, der in der deutschen Vereinigung von 1990 seine Erfüllung findet, in dem sich aber jenes Stadtschloß auch beim besten Willen zur historischen Klitterung nicht unterbringen ließe. Zum anderen ist dieser so vehement verfochtene Plan deshalb so fragwürdig, weil damit der »Berliner Republik« ein geschichtliches Herkommen eingeschrieben werden soll, das seinerseits völlig ahistorisch ist, weil es den Versuch darstellt, »sich gleichsam *a posteriori* eine Vergangenheit zu geben, aus der man stammen möchte, im Gegensatz zu der, aus der man stammt«, um mit Nietzsche zu sprechen.[12] Derart glaubt man allen Ernstes, insgeheim eine Vergangenheit spurlos entsorgen zu können, die jedoch nicht vergehen will.

Die Vergangenheit so manipulieren zu wollen, daß sie der Sehnsucht des kleinbürgerlichen Milieus nach Heimat im gemutmaßten Lebensgefühl einer versunkenen Epoche entspricht, ist indes nur die eine Seite der Medaille. Die andere ist das markante Bestreben, die Politik verschwinden zu lassen, sie ihres Wesens – des offen ausgetragenen Wettbewerbs interessenbedingter Gegensätze – zu entkleiden und sie durch ein Handeln zu ersetzen, das den Konsens vergötzt und es möglichst allen irgendwie recht zu machen sucht. Dieser übermächtige Zwang zum Konsens ist der Fluch des ausgepichten Verhältniswahlrechts, das trotz, nicht wegen der in der Weimarer Republik gemachten Erfahrungen gilt und dessen erklärte Absicht es ist, jeder abgegebenen Wählerstimme größtmögliche Geltung zu verschaffen. Diese Praxis führt dazu, daß heute im Deutschen Bundestag mehr Volksvertreter versammelt sind als in beiden Häusern des US-Repräsentantenhauses, Senat und Kongreß zusammen, und das unbeschadet der Tatsache, daß diese mehr als dreimal soviele Wahlberechtigte zu vertreten haben als die Abgeordneten im Reichstagsgebäude.

Das legt den Verdacht nahe, daß auch hinsichtlich der repräsentativen Demokratie der altvertraute Zirkelschluß gilt: Deutsch sein heißt, eine Sache um ihrer selbst willen zu tun. Ein Satz, den man insbesondere jenen Patentdemokraten ins Stammbuch schreiben sollte, die jetzt wieder für die grundgesetzlich sanktionierte Einführung von Volksabstimmungen eintreten. Tatsächlich wird mit dem Verhältniswahlrecht aber nur ein Hinterbänklertum gemästet, das der Leidenschaft des Kleinbürgers, zu politisieren, zu kannegießern, wie das früher so trefflich hieß, ein willkommenes Ventil schafft. Das konnte man so lange tolerieren oder schlicht übersehen, wie wenigstens die ersten beiden Bankreihen in den Parlamenten mit Leuten besetzt waren, die von der Sache, über die sie redeten, noch etwas verstanden und die mit Leidenschaft für die Richtigkeit ihrer Ansichten stritten. *Tempi passati.* Der noch immer schwärende CDU-Parteispendenskandal hat den Schleier, der über die Szene gebreitet war, zerrissen. Das Publikum gewahrt mit einemmal nicht mehr die politische Schaubühne parlamentarischer Auseinandersetzung, sondern sieht die Winden und Seilzüge, das Räderwerk und gutgeölte Getriebe, das die Inszenierung, mit der man es unterhielt und in vorgeblich staatsbürgerlicher Absicht bildete, geräusch- und reibungslos in Gang hielt. Dieses bislang verborgene technische Wunderwerk nennt man das »System Kohl«, wiewohl man damit dem Namensgeber vielleicht zuviel Ehre antut, weil auch andere, wie etwa Kanther und Koch, es beherrschten und zu seiner Vervollkommnung beitrugen. Gleichviel, das »System Kohl« eignet sich vorzüglich, um daran die Anatomie der Macht unter dem Diktat des Konsenses, der dem kleinbürgerlichen Milieu als das Wesen der Politik schlechthin gilt, zu exemplifizieren. Diesen unpolitischen Begriff des Politischen repräsentierte Helmut Kohl in geradezu idealer Weise, weil die Bedingung seiner politischen Erfolgsmöglichkeiten in seiner restlosen, selbstreferentiellen Identifizierung mit dem nach ihm benannten System bestand. Diese Bedingung umschreibt er in der ihm eigentümlichen Metaphorik mit »Ehre« und »Ehrenwort«.

Beide Begriffe sind zugleich Schlüsselbegriffe für ein Klientelsystem, in dem Herrschaftswillkür durch persönliche Bindung vermittelt wird. Das entspricht genauestens dem Typus einer vordemokratischen und vorpolitischen, kurz, einer zünftigen Herrschaftspraxis, die auf Milieuhomogenität basiert. Im Tausch gegen Unterwerfung und unbedingte Gefolgschaftstreue werden Ämter, Würden und auch Machtteilhabe übertragen. Konkurrenten, die zu beseitigen entweder unmöglich oder nicht opportun ist, werden mittels einer »Männerfreundschaft« neutralisiert. Im Unterschied zur »Männerfreundschaft«, deren Bindung nur opportunistischer Natur ist und die auch nicht durch den Austausch von Dotationen und Vorzügen gefestigt wird, basiert die Beziehung von Herrscher und Vasall, von Zunftmeister und Gesellen auf wechselseitiger Loyalität. Deren beiderseitige Beachtung qualifiziert sich als »Ehre«, die um keinen Preis verletzt werden darf. Dieser feudale oder zünftige Komplex rangiert, wie das Beispiel Kohl zeigt, sogar vor dem Gesetz, das aber zu achten und zu verteidigen er als Kanzler geschworen hatte.

Die demokratische Binnenstruktur der »Volkspartei« CDU wurde von Kohl mit diesem auf seine Person zentrierten Klientelsystem unterlaufen, dessen Verästelungen vermutlich bis in den kleinsten Ortsverein hineinreichen. Sein Funktionieren basierte zum einen auf dieser persönlichen, die Strukturen der innerparteilichen Organisationshierarchie außer Acht lassenden Bindung. Zum anderen offensichtlich auf »Bimbes«, auf finanziellen Zuwendungen, die aus »schwarzen Kassen« an der öffentlich rechenschaftspflichtigen, ordentlichen Haushaltsführung der Partei vorbeigeschleust einzelnen Organen oder Funktionsträgern zugewendet wurden. Das »System Kohl« war also darauf angelegt, die innerparteiliche Organisation, welche Diskussion und demokratische Mitbestimmung bei der Formulierung der parteipolitischen Programmatik gewährleisten soll, ebendieser Funktion zu berauben, um mögliche Kontroversen durch Akklamation zu ersetzen – mit dem alleinigen Ziel seines unangefochtenen Machterhalts.

Diese Praxis zur Binnensicherung seines Machtanspruchs hat Kohl im übrigen auch auf die von ihm verantwortete Politik insgesamt übertragen. Durch seine Technik, Widersprüche und Einreden zu verschleifen, ja, Kontroversen, die notwendig zur Demokratie und zum politischen Handeln gehören, verächtlich zu machen, sie als geradezu unanständig oder als Zeichen von Schwäche abzutun, hat er es erfolgreich verstanden, den Eindruck zu erwecken, Politik werde übersichtlich in Zeiten der Unübersichtlichkeit, wenn sie allein auf ihn zentriert sei nach dem Motto: Der Papa wird's schon richten. Damit hatte er lange Erfolg, weil er genau dem Politikverständnis jenes Milieus nach dem Munde redete, das er noch wie kein Kanzler vor ihm nach Erscheinung und Rede repräsentierte. Diese ostentative Biedersinnigkeit, die, wie sich jetzt gezeigt hat, fälschlich mit Redlichkeit verwechselt werden konnte, war bei Helmut Kohl allein dem Ziel untergeordnet, sich die Macht um der Macht willen zu sichern. Von der breiten Öffentlichkeit scheint ihm dies aber ebensowenig nachgetragen zu werden wie die Techniken, deren er sich dabei befleißigte. Das wird man aber weniger mit einer besonderen Wurstigkeit oder Gleichgültigkeit des Publikums erklären können, das dem Glauben anhinge, Politik sei sowieso ein schmutziges Geschäft, als vielmehr seiner Vertrautheit mit Klientelsystemen auf allen gesellschaftlichen Ebenen zuschreiben dürfen.

Das kleinbürgerliche Milieu, das dem »System Kohl« seine Stabilität verlieh, ist vielfältig vernetzt. Auf kommunaler Ebene ist der »Klüngel« parteiübergreifend organisiert und bildet einen dicken Filz, der auch noch das augenfälligste Mittelmaß vor Machtverlust oder Absturz bewahrt. Die große Koalition, die im Land Berlin die politischen Geschäfte wahrnimmt, ist dafür ein weithin leuchtendes Beispiel. Um hier rasch und gründlich Remedur zu schaffen, wäre ein anderes, nämlich ein einfaches Mehrheitswahlrecht vonnöten. Zu der Zweidrittelmehrheit, die eine solche Wahlrechtsänderung erforderte, werden sich die beiden großen Volksparteien aber kaum aufraffen können, sei es auch nur aus der realistischen Einsicht, daß ihnen das »Stimmvieh« der Hinterbänkler, die als erste um ihre parlamentarische Zukunft bangen müßten, dabei die Gefolgschaft verweigerte.

Dagegen spricht aber noch ein zweiter, weniger einfach zu erkennender, aber um so gravierenderer Einwand. Das ausgefeilte Proporzwahlrecht hat den politischen Parteien im gesellschaftlichen Raum eine Fülle von Einflußmöglichkeiten verschafft, die sich als ein krebsartiges Auswuchern diagnostizieren lassen. Seinen sichtbaren Ausdruck hat diese Entwicklung in einem ganzen Netzwerk parteiabhängiger oder von den Parteien unmittelbar kontrollierter Institutionen.

Diese Praxis hat sich unterdessen in einen Fluch verwandelt, der Versumpfen und Teilnahmslosigkeit zur Folge hat. Charakteristisch dafür ist die Paradoxie, immer wieder zu verlangen, der Staat – gemeint sind aber die Parteien, die den Staat politisch organisieren – müsse sich aus vielen gesellschaftlichen Bereichen zurückziehen. Statt dessen gelte es, dem Bürger die Chance zu eigener Initiative und Verantwortlichkeit zu geben. Das ist gut und schön gedacht und gesagt. Doch dieselben, die dies fordern, sind auch die Ersten, die mit lauter Stimme nach dem Staat und dessen Regelungskompetenz rufen. Die leidige Diskussion um eine Renten- und Gesundheitsreform liefert dafür nur das bekannteste Beispiel.

Die hiesigen Parteien wären im wohlverstandenen eigenen Interesse gut beraten, ihre Einflußzonen in der Gesellschaft, die nicht unmittelbar ihrem politischen Auftrag entsprechen, zu räumen. Tun sie dies nicht, wächst die Gefahr einer chronisch zehrenden Sinnkrise der Demokratie, zumal die umfassende Regelungswut der Parteien, ihre angemaßte Kompetenz, als Vormünder in allen möglichen Fragen und Belangen aufzutreten, sich zum Schaden der Gesellschaft auswirken wird. Alle Parteien werden sich über kurz oder lang mit dem Dilemma konfrontiert sehen, daß sie keine plausiblen Antworten auf die Herausforderungen der Globalisierung formulieren können. Der steindumme Slogan »Kinder statt Inder« war dafür nur ein erstes Beispiel. Ein weiteres ist der vom CDU-Fraktionsvorsitzenden Friedrich Merz ins Spiel gebrachte Begriff einer »Leitkultur«, der sich hier lebende Ausländer anzupassen hätten. Daran wird der hilflose Versuch offenbar, die wegen der Globalisierung rapide voranschreitende Korrosion des Nationalstaats wenigstens kulturell aufzuhalten. Das aber ist, wie ein nur oberflächlicher Blick auf die deutsche Geschichte zeigt, ein Spiel mit dem Feuer, das leicht außer Kontrolle geraten kann. Um »zukunftsfähig« zu werden, müßten sich ausnahmslos alle Parteien neu erfinden und sich als Innovationsagenturen begreifen, die vor allem pragmatische und nicht einzelne Klientelinteressen befriedigende Antworten auf die andrängenden Probleme formulieren.[13]

Es gilt, sich aus dem Zauberbann lang eingeübter, aber längst überlebter Werthaltungen zu befreien. Wenn die Politik noch einen »Erziehungsauftrag« hat, dann den, dem kleinbürgerlichen Milieu ohne Umschweife und falsche Rücksichtnahme deutlich zu machen, daß seine Stunde endgültig geschlagen hat und die Zukunft dem europäischen *citoyen*, der europäischen Zivilgesellschaft gehört. Der umfassende Bestandsschutz, den alle politischen Parteien den wirtschaftlichen und sozialen Interessen des Mittelstands aus der kurzsichtigen Überlegung heraus gewähren, sich seines Wählerpotentials zu versichern, hat ganz entschieden die heute vielbeklagte Reformwiderständigkeit in diesem Land gefördert und gleichzeitig eine Fülle alter Ressentiments konserviert, die jetzt gegen die im Zeichen der Globalisierung und ihrer Nebenfolgen längst fällige Zivilgesellschaft aufbegehren.

Was Marx und Engels im Februar 1848, unmittelbar vor Ausbruch einer der großen, ganz Europa erfassenden Revolutionswellen, im *Kommunistischen Manifest* schrieben, hat bis heute nichts von seiner Gültigkeit eingebüßt, auch wenn vielen diese Schrift heute heillos überholt zu sein scheint: »In Deutschland bildet das vom 16. Jahrhundert her überlieferte und seit der Zeit in verschiedener Form hier immer neu wieder auftauchende Kleinbürgertum die eigentliche gesellschaftliche Grundlage der bestehenden Zustände. Seine Erhaltung ist die Erhaltung der bestehenden deutschen Zustände.«[14] Das ist eine Feststellung, der selbst der konservative Soziologe des Post-Biedermeier Wilhelm Heinrich Riehl zugestimmt hätte.[15] Auch lasse man sich nicht durch die Fülle vermeintlich neuer Phänomene verwirren, die auf der Oberfläche der Gesellschaft derzeit zu gewahren sind. Der alerte Kleinaktionär, der smarte Zocker in Derivaten werden sich am Tag des großen Crash als das zu erkennen geben, was ihre Attitüde und ihr eleganter Armani-Anzug augenblicklich verbergen: rabiate Kleinbürger, die ihre Zuflucht bei einem Radikalismus der »Mitte« und der »Normalität« suchen.

# Infektion

Wann und wie alles anfing, ist eine unmöglich zu beantwortende Frage. Die Kette der wirklichen oder vermeintlichen Kausalitäten, die Gegenwart mit Vergangenheit verknüpft, ist lang und windungsreich. Das gilt im besonderen für die Geschichte der Deutschen. Die Schwierigkeiten beginnen schon damit, daß man nicht recht weiß, wie man sie benennen soll. Der Bequemlichkeit halber hat man sich das Vorbild Frankreichs zu eigen gemacht und spricht deshalb so selbstverständlich von einer deutschen Geschichte, wie man dies, allerdings mit dem Recht größerer Evidenz, von der französischen Geschichte tut. Tatsächlich müßte man jedoch korrekterweise bis weit ins 19. Jahrhundert hinein von »Geschichten der Deutschen« sprechen, um deutlich zu machen, daß die historischen Erfahrungen der Stämme, Territorien, Herrschaften und Städte, die unter dem sehr fragilen Dach behaust waren, auf dem der rätselhafte Firmenname »Heiliges Römisches Reich Deutscher Nation« prangte, höchst unterschiedlicher, wenn nicht gar gegensätzlicher Natur waren.

Infektionen werden durch einen geschwächten Organismus begünstigt. Das Reich der Deutschen hatte einen universalen Anspruch, aber von seinen ersten Anfängen an einen geschwächten Organismus. Es wollte das Erbe des untergegangenen Römischen Reichs schultern. Aber dessen ausgedehnten Besitz mit staatlichem Wollen, mit dem Knochenbau und Gewebe von Verwaltung und Gesetzen, von Handel und Wandel zu durchdringen und in seinem

Inneren zu festigen, erwies sich als eine Aufgabe, die die Möglichkeiten des Reichs bei weitem überstieg. Rasch zerschellte dieser Anspruch deshalb an der Wirklichkeit. Gleichwohl behauptete er sich als Verlockung, die immer gleißnerischer wurde, je weniger sie zu realisieren war.

In dieser knappen Form ließe sich die Summe aus den Erfahrungen ziehen, die von den Deutschen mit ihren Geschichten bis 1348 gemacht wurden. Dieses Jahr markiert einen Einschnitt in der deutschen Geschichte, wie wir sie der Bequemlichkeit halber fortan nennen wollen. 1348 zog der Tod mit der Schwarzen Pest ein als Herrscher im Reich und über Europa. Die Pest war von China oder Indien über Persien und den Vorderen Orient nach Süditalien übergesprungen. Von hier aus eroberte sie in rasendem Tempo das gesamte Abendland. 1348 erreichte sie England, wo ihr rund die Hälfte der Menschen zum Opfer fiel. Von dort zog sie weiter über Flandern, Holland und Skandinavien, um sich dann, wie mancher spätere Eroberer, der Tod und Verderben im Schilde führte, in den Weiten Rußlands zu verlieren.

Im Reich blieben nur Franken, Schlesien und Böhmen, denen waldreiche Zonen und Mittelgebirge damals noch einen gewissen »Quarantäneschutz« boten, von der Pest verschont. In allen anderen Landen hielt sie dagegen schauerliche Ernte. Die Pest überwand auf den großen Handelswegen die Barriere der Alpen: Über den Brenner gelangte sie durch das Inntal, über den St. Gotthard und das obere Rheintal im Spätsommer 1348 nach Süddeutschland.[16] Im Jahr darauf war die Pest im Reich zur Pandemie geworden, auch wenn sie in unterschiedlichen Regionen zu unterschiedlichen Zeiten auftrat – in Ost- und Norddeutschland erst im Spätjahr 1349 und 1350, ehe sie im Jahr darauf verschwand. Die Pest wütete von da an in immer neuen Wellen bis zum Beginn des 18. Jahrhunderts in Mitteleuropa. Am ärgsten waren vermutlich die Epidemien, die im 14. und 15. Jahrhundert das Reich buchstäblich verheerten und ganze Landstriche entvölkerten. Genaue Zahlen gibt es nicht, aber nach einigermaßen verläßlichen Schätzungen dürfte das Reich erst wieder um 1560 mit 10 bis 14 Millionen Einwohnern jene Bevölkerungszahl erreicht haben, die es um 1340 hatte.[17]

Diese »magna mortalitas«, das »große Sterben«, von dem die zeitgenössischen Chroniken sprechen, beschreibt nur ein Phänomen, das den Organismus des Reichs schwächte. Ein anderes ist das aufeinanderbezogene Gegensatzpaar von kollektiver Todesfurcht und ungezügelter Lebensgier, das die Mentalität der Menschen für lange verwüstete und sie zu rauschhaften Exzessen anstiftete, die den Prozeß der Zivilisation im Sinne einer fortschreitenden Versittlichung vor allem im Reich erheblich verlangsamten. Die ubiquitäre Todesdrohung mündete nicht nur in Resignation, religiöse Buße oder Opferdemut, sondern suchte und fand ihr Ventil auch in einer Inbrunst des Neids und mordbereiter Habgier. Diejenigen, die lebten, suchten mit blindwütigem Haß den Tod zu überlisten. Dem eignete eine verquere, fürchterliche Rationalität: Der Tod des anderen war der eigene Gewinn. Das ist die tiefere, die eigentliche Ursache für den großen Judenmord, für die Pogrome, die mit dem Nahen einer jeden Pestwelle einsetzten und die man mit dem Märchen zu rechtfertigen suchte, die Juden vergifteten die Brunnen, um die Christenheit auszulöschen.

Diese schauerliche Dramaturgie gilt bereits für die erste Pestepidemie von 1348 bis 1350. Schon damals erreichte der Judenmord in Deutschland einen Umfang, der den europäischen »Standard« – auch in Frankreich oder Spanien kam es damals im Zusammenhang mit der Pest zu Pogromen – weit übertraf. Während das »Judenbrennen« in den europäischen Nachbarländern ein weitgehend isolierter, auf einzelne Orte beschränkter Ausbruch mörderischen Hasses blieb, wies dieses schauderhafte Phänomen im Reich von Anfang an einen überregionalen Charakter mit einigen lokalen Schwerpunkten auf, die sich mit den wenigen größeren Städten identifizieren lassen.[18] Das Exempel der Motive, die für das »Judenbrennen« den Ausschlag gaben wie für die Chronologie dieser Pogrome, liefert Nürnberg im Jahr 1349. Im Oktober dieses Jahres unterstützte Kaiser Karl IV. die Herrschaft, die das Patriziat über die Stadt ausübte, gegen die Geltungsansprüche der Zünfte; im November übereignete er den Bürgern der Reichsstadt den Besitz der in ihren Mauern lebenden Juden. Das rettete diese aber nicht vor dem Schicksal, das die Juden im Süden des Reichs schon zuvor an einigen Orten erleiden mußten: Anfang Dezember bricht mit stillschweigender Duldung des Patriziats ein Judenpogrom aus. »Die juden wurden verprant an sant Nicolas abent«. Mit diesen Worten ratifizierte der Nürnberger Chronist Ulman Stromer eine Mordorgie, der 562 von rund 1500 Juden zum Opfer fielen, die in Nürnberg lebten, das damals von der Pest verschont geblieben war.[19] Daß Karl IV. die Städte und Ortschaften, die Schauplätze von Judenverfolgungen gewesen waren, zur Zahlung eines Bußgeldes verurteilte, will wenig oder vielmehr das Gegenteil besagen: Auf diese Weise verschaffte er sich seinen Anteil an der gemachten Beute.

Die Judenpogrome sind nur ein besonders schrilles Beispiel für den rapide fortschreitenden Verfall der Ordnung im Reich, der durch die im Rhythmus von sechs bis zwölf Jahren sich wiederholenden Pestepidemien beschleunigt

wurde. Ihren Niederschlag fand diese krisenhafte Entwicklung sicherlich im wirtschaftlichen Leben, ganz gewiß aber auch in einer folgenreichen Veränderung und
Verschiebung der Gewichte, die der kaiserlichen Herrschaft im und über das Reich widerfuhr und die als
»Reichsreform« firmiert: 1356 regelte Karl IV. mit der
Goldenen Bulle das Wahlrecht der deutschen Könige neu.
Allein ein Kollegium aus sieben »Kurfürsten« – drei geistliche Herren, die Erzbischöfe von Mainz, Trier und Köln,
und vier weltliche Herrscher, der König von Böhmen, der
Pfalzgraf bei Rhein, der Herzog von Sachsen-Wittenberg
und der Markgraf von Brandenburg – machte künftig die
Wahl des Königs unter sich aus. Dahinter stand die Absicht, die bisherige große Einflußnahme des Papstes aus-
zuschalten, weshalb die Wahl des Königs auch ohne dessen
förmliche Bestätigung gültig sein sollte. Damit hatten konsequenterweise die Epitheta »heilig« und »römisch« ausgespielt, mit denen das Reich offiziell firmierte; sie waren
nur noch schmückendes Beiwerk. Der Plan sollte die
Reichsgewalt festigen. Seine Ausführung zeitigte aber das
genaue Gegenteil. Dem Papst sollte die Möglichkeit genommen werden, die Wahl eines deutschen Königs nicht
anzuerkennen. Diese in der Vergangenheit häufig von ihm
geübte Praxis führte dazu, daß Gegenkönige nominiert
wurden, die ihre Konkurrenz nicht selten mit kriegerischen Mitteln ausfochten. Dem war jetzt zwar ein Riegel
vorgeschoben, aber gleichzeitig begann ein neues, kompli-
zierteres Machtspiel, an dem mehr Parteien als zuvor beteiligt waren. Den Königspoker bestritten nun die sieben
Kurfürsten; waren die drei geistlichen Herren dieser Runde
sich über einen Thronkandidaten einig, mußten sie nur
einen ihrer weltlichen Genossen mittels Gottesfurcht oder
materieller Lockungen auf ihre Seite ziehen, um den König

zu machen. Für die Fürsten, die nicht am Pokertisch saßen, war diese Runde eine Oligarchie, deren Mitglieder sich allein des Privilegs erfreuten, als Landesfürsten zu gelten, d. h. im quasi souveränen Besitz eines Territoriums zu sein, das als unantastbar und unteilbar galt und das nur durch das Erstgeburtsrecht vererbbar war. Zum König konnte außerdem nur einer aus ihrem Kreis gewählt werden.

Soviel Macht und Glanz mußte allemal den Neid jener wecken, die weniger hatten. Viele Fürsten, die nicht diesem Kollegium angehörten, taten ihren Unwillen laut kund. Was für den Ehrgeiz der Zukurzgekommenen aber ein ewiger Stachel sein mußte, war die jähe Erkenntnis, daß ihre Territorien nach wie vor nur Lehensbesitz waren, d. h., daß sie jederzeit vom Kaiser eingefordert und einem anderen zugeteilt werden konnten. Damit war das übrige Reich als ein Grundstücksmarkt ausgewiesen, der jenen Aufstieg und Macht verhieß, die skrupellos genug zu Werke gingen.

Was jedoch zunächst verhinderte, daß diese Einsicht sich verbreitete, war nicht irgendeine Scheu vor dem Recht, sondern vielmehr ein Gleichgewicht der Ohnmacht, in dem sich die Reichsstände gegeneinander befanden. Doch stiftete dieses Gleichgewicht der Ohnmacht keineswegs eine friedliche Idylle. Zeigte der Nachbar Schwäche, war das allemal ein Anlaß, darin seinen Vorteil zu suchen. Zu einem großen Konflikt fehlte es aber überall an Kraft. Die Pestwellen hatten das Reich erschöpft. In der Mitte Europas hausten Elend und Not. Am verworrensten war die Lage im Reich zeit der Herrschaft Friedrichs III. (1440–1493), als die Menschen einen ersten Vorgeschmack jener Schrecken bekamen, die ihre Nachfahren während des Dreißigjährigen Kriegs erleiden mußten. Raubzüge wurden damals zu einem adeligen Gesellschaftsspiel. Man bekriegte sich mit angeworbenen Söldnerhaufen, die bei ausbleibender Löhnung auf eigene Faust marodierten und brandschatzten. Der Landfrieden, den Kaiser und Reich garantieren sollten, war in diesen von Mordgeschrei erfüllten Zeiten schierer Hohn. Einigermaßen sicher lebte man nur in den Städten, die im 14. Jahrhundert als eigenständige wirtschaftliche und politische Kräfte in Erscheinung traten und sich gegen die fürstlichen Reichsstände, ja sogar gegenüber dem Kaiser mit wachsendem Selbstbewußtsein zu behaupten verstanden. Am Anfang dieser »Städterenaissance« stehen die nördlichen Küstenstädte, die sich schon im ausgehenden 13. Jahrhundert zur »Hanse« zusammenschlossen, einem Städtebund, der sich von Bremen bis Reval erstreckte und dem sich im Lauf der Jahre auch Binnenstädte anschlossen. Doch dieses Glück währte nur so lange, wie die »Hanse« eine Dänemark oder Schweden ebenbürtige Seemacht war und der durch Fernhandel erwirtschaftete Reichtum ihr die Sicherheit bot, daß Kaiser und Fürsten, die stets über ihre Verhältnisse lebten, in ihrer Schuld standen.

Ende des 15. Jahrhunderts war das Reich Herzstück des Habsburger Imperiums, das sich zur Welteroberung anschickte und die Grenzen der bisherigen Weltkenntnis und -erfahrung so weit nach Westen und Osten ausdehnte, daß die Zeitgenossen voller Staunen bemerkten, im Reich Karls V. (1519–1556) gehe die Sonne nicht unter. Aber in dieser Epoche voller Aufbruch verharrte Deutschland im Abseits, verkroch sich in das Elend innerer Zerrissenheit, dessen ärgsten Auswüchsen erst der auf dem Reichstag zu Worms 1495 geschlossene »Ewige Landfrieden« ein Ende machte. Damit sollte eine große Reichsreform eingeleitet werden, um der Auflösung der Reichsgewalt, die sich in der zweiten Hälfte des 15. Jahrhunderts erschreckend beschleunigt hatte, Einhalt zu gebieten. An Einsicht, das

»Reichsregiment« zu stärken, mangelte es nicht, wohl aber an Einigkeit darüber, wie am besten zu verfahren sei. Jeder verband damit eigene Interessen. Die Reichsstände vertraten mit Vehemenz den Plan einer föderativen Struktur. Sie wollten den Reichstag in Permanenz tagen lassen. Hier sollten alle Beschlüsse gefaßt und ihre Ausführung überwacht werden. Ein sehr modern anmutender Gedanke, allein er setzte voraus, daß der Kaiser aus freien Stücken seine ganze Macht preisgegeben und sich mit einer Art von »Reichstagspräsidentschaft« begnügt hätte. Derlei lag einer Herrschernatur wie Maximilian I. (1493–1519) fern. Außerdem schwebte ihm eine Reichsreform vor, die nicht ein Parlament der Fürsten zu ihrem Kern hatte, sondern sich allein auf die kaiserliche Macht gründete, auf der Basis von Reichssteuer und Reichsheer.

Die beiden Positionen ließen sich durch keinen Kompromiß vermitteln. Auch mit Gewalt war der Dissens nicht zu entscheiden, denn beide Seiten hielten sich die Waage. Von der großen Reichsreform wurde auf Dauer nur realisiert, was ihre mindeste Voraussetzung war: der »Ewige Landfriede«, der von allen Parteien respektiert wurde. Dahinter stand die Erkenntnis, daß, dauerten die jahrzehntelangen blutigen Wirren fort, jeder Gefahr lief, zu den Verlierern zu gehören. Dieser Erfolg erwies sich jedoch als allzu bescheiden, um dem Reich jenen inneren Halt zu verschaffen, dessen es bedurft hätte, um an der Glaubensspaltung nicht dauernden Schaden zu nehmen. Das Religionsschisma, das ein Augustinermönch auslöste, wurde der Funken, der die längst baufällige und mit allerhand Zunder angefüllte Scheuer des Heiligen Römischen Reichs Deutscher Nation lichterloh entflammte. Der Pastorensohn Friedrich Nietzsche hat die Glaubensrevolution Martin Luthers einmal als »Bauernaufstand des Geistes« charakterisiert. Ein hartes, klares und richtiges Urteil, wenn man nicht die Intentionen des Mannes, sondern deren Folgen bedenkt. Sie waren fürchterlich. Zum einen, weil sie allenthalben nur halbe Siege, halbe Resultate zeitigten. Zum anderen, weil sie die trübe Ursuppe menschlicher Leidenschaften aufrührten, die lange nicht wieder zu Boden sinken sollten. Als ganz besonders fatal erwies sich, daß die Reformation mit ihrer religiösen Inbrunst und Unerbittlichkeit diesen Giftkeimen das Ansehen eines Heilmittels verschaffte.

Keineswegs soll der Mißbrauch des Ablaßhandels schöngeredet werden, gegen den Luther mit seinen Thesen im Oktober 1517 aufbegehrte. Angesichts der Konsequenzen war dies aber ein höchst nichtiger Anlaß. Gegen den Ablaßhandel, mit dem die Kirche, ebenso erfolgreich wie frevlerisch, auf die tumbe Glaubensnaivität ihrer Schäfchen spekulierte und ihre stets leeren Kassen füllte, hatte schon mehr als hundert Jahre zuvor der böhmische Reformator Johan Hus gepredigt. Der Funke, den Hus damals schlug, lange bevor das Reich den Prozeß seiner inneren Auflösung durchmachte, setzte jedoch nur den Scheiterhaufen in Brand, zu dem ihn das Konzil von Konstanz 1415 verurteilt hatte. Seither war manches sehr anders geworden. Vor allem der Adel und die Fürsten hatten während der anhaltenden Wirren in der zweiten Hälfte des 15. Jahrhunderts den Wert des baren Geldes schätzengelernt, weil dessen Besitz den Schwachen stark macht und den Starken schier unüberwindlich. Kurfürst Friedrich der Weise, Luthers Landesherr, fraglos ein tiefreligiöser Mensch, erkannte die Chance, die sich in diesem Protest eines Mönchs gegen den Ablaßhandel verbarg. Damit war das Tabu verletzt, das bislang die sehr weltlichen Belange der Kirche schützte. Der Ablaßhandel lockte den kleinen Leuten, deren religiöse Inbrunst mit Aberglauben verschmolzen war, das Geld aus der Tasche, das der Landesherr vermissen mußte. Das wirkte unmittelbar und nachhaltig nach der Faustregel: je kleiner das Territorium, desto größer die Geldnot des Herrschers. Dieser Mangel mästete eine Habgier, die sich um so gerechtfertigter dünken konnte, je mehr sie den Blick für die Mißbräuche der Kirche schärfte. Luthers Protest war das Signal. Mit einemmal richteten sich viele begehrliche Augen auf die sehr irdischen Reichtümer der Kirche. Und wohin man auch blickte, überall ließ sich Fäulnis und Verkommenheit gewahren. Die schiere Geldnot erwies sich als vorzügliche Sehhilfe.

Es ist dieser Zusammenhang von Raub- und Habgier, der den Triumph der Reformation beeinflußte. Der geistliche Besitz im Reich war zur Plünderung freigegeben. Wer sich daran beteiligte, konnte dies geradezu in dem Bewußtsein tun, ein Gott wohlgefälliges Werk zu verrichten. Alle Vorschläge, denen auch Luther seine Stimme lieh, die riesigen Vermögen, die in Jahrhunderten gemehrt worden waren und die keine Erbteilung geschmälert hatte, in Gemeinbesitz zu überführen und sie für die Zwecke der Armenfürsorge wie zur Stärkung der Reichsmacht zu verwenden, stießen auf taube Ohren. In dieser Orgie der Raffgier und Habsucht war sich jeder selbst der Nächste. Die Großen betrieben es im großen, die Kleinen im kleinen. Für die tiefe Unmoralität ihres Treibens, mit dem sie jene weit übertrafen, die sie damit vernichteten, macht dies jedoch keinerlei Unterschied. Die Profiteure des Raubzugs, mit dem sich die Reformation durchsetzte, waren die großen und die kleinen Herren und die Städte. Alle anderen gingen leer aus, vielen ging es nachher noch schlechter als zuvor. Den Künstlern beispielsweise, deren Auftraggeber fast ausnahmslos die Kirchen gewesen waren; oder den Intellektuellen, den Humanisten, die das Credo einer ersten Aufklärung, der italienischen Renaissance, nördlich der Alpen zu verbreiten suchten. Sie alle gingen ihrer meist kirchlichen Pfründe verlustig.

Mit seinem Protest hatte Luther, gewiß ungewollt, die Begierden geweckt, die unter der Fäulnis des Reichs herangereift waren. Konsequenterweise wurde die Reformation deshalb auch zur Stunde der Untoten, jener, deren Existenz längst aufgesagt war, der sterbenden Klassen. Das galt etwa für die Reichsritter, dem nur zur Botmäßigkeit gegenüber dem Kaiser verpflichteten Kleinadel, der sich im Westen und Süden des Reichs in zunehmend prekärer Unabhängigkeit behauptet hatte, während er im Norden bereits von den Territorialgewalten »mediatisiert«, also in Untertänigkeit gezwungen worden war. Je trauriger von Gestalt und Geltung diese Reichsritter wurden, die die Zeche für den Machtverlust des Reichs zahlen mußten, dem sie einst mit ihrem Schwert gedient hatten, desto wütender wehrten sie sich gegen ein Schicksal, das ihren Untergang ankündigte. Unter diesen Reichsrittern waren nicht wenige, die das Zeug zu einem Cortez oder einem Pizarro, zu einem jener skrupellosen Konquistadoren gehabt hätten, die in der Neuen Welt an der Spitze einer kleinen Schar von Desperados und Galgenvögeln ganze Reiche eroberten und ungeheure Schätze zusammenraubten. In der kalten Heimat des Reichs lockte aber nirgendwo der tropische Fiebertraum eines El Dorado, und der Inka, den es für sie zu bezwingen galt, war der Landesherr, dem alles gehörte, was jenseits der paar schmutzigen Dörfer lag, über die sie allenfalls herrschten, und jenseits des modrigen Burggemäuers, in dem sie hausten. Dessen Trachten, ihren Stolz mit Füßen zu treten und sie zu Untertanen zu machen, würde sich über kurz oder lang ohne eigene Anstrengung erfüllen. Diese Gewißheit ihrer Ohnmacht nährte den Haß der Reichsritter, die keinen Ausweg wußten, der sich mit ihrem Stolz vereinbaren ließ. Ihnen mußte deshalb die Reformation als die große, unerwartete, geradezu von Gott gesandte Chance erscheinen. Mit der Wut der Verzweiflung gehörten sie zu den Ersten, die sich zur Reformation bekannten, um sich auf das Kirchengut zu stürzen. Dessen Besitz, wähnten sie, würde ihnen eine letzte Frist stunden. Deshalb liefen sie in hellen Scharen zu Luther über, der ihrem religiösen Eifer indes mit gutem Grund mißtraute. Der Aufstand, den die Reichsritter gegen die Fürsten anzettelten, endete kläglich. Diese verfügten über Heere und die neue Waffe der Artillerie. Jene waren nur unordentliche Haufen, die ziel- und führungslos herumirrten.

Das Scheitern ihres Aufstands machte dem Reichsrittertum ein Ende, auch wenn sich manche seiner Vertreter, vor allem in den Splitterzonen des Reichs, also in jenen Gebieten, in denen sich kein mächtiges Territorialfürstentum durchgesetzt hatte, bis 1806 ihre grundherrschaftlichen Rechte erhalten konnten. Andere hingegen versickerten im Kriegsproletariat der Landsknechtsheere, jener besoldeten, undisziplinierten und wenig loyalen Heerhaufen, mit denen die deutschen Kaiser nun ihre Reichskriege führten. Dieses Gesindel, das dem Dreißigjährigen Krieg sein grausiges Gepräge geben sollte, gab bereits damals der zivilisierten Welt einen ersten, lang nachhallenden Vorgeschmack dessen, wozu es in mordgierigem und wollüstigem Nihilismus fähig war.

Als sich die Reformation wie ein Flächenbrand im Reich ausbreitete, führte Karl V. einen Krieg mit Franz I. von Frankreich, der hauptsächlich auf norditalienischen Schauplätzen ausgefochten wurde. Die kaiserlichen Truppen waren jene Landsknechte, die für Geld und Beute kämpften, aber für keine Überzeugung. Anfang Mai 1527 fiel ein solches Landsknechtsheer wie ein Heuschreckenschwarm über das wehrlose Rom her. Die Söldner hatten sich mit allerhand halbverstandenen reformatorischen Schlagworten und Haßphantasien, mit Vorstellungen eines großen Strafgerichts, das man über das falsche Jerusalem verhängen wollte, eine Rechtfertigung zusammengereimt. So ereignete sich der »Sacco di Roma«, eine mehrere Wochen lang anhaltende Gewaltorgie: Alle Scheußlichkeiten, zu denen sich eine enthemmte menschliche Phantasie verstehen kann, wurden hier tausendfach begangen. Wesentlich drastischer als der Verzweiflungsaufstand der Reichsritter zeigte dieser »Sacco di Roma«, welche Folgen jene Gärung haben konnte, in die das Volk durch die Reformation versetzt worden war.

Ein weiteres Beispiel zeitigte der Bauernkrieg im Südwesten und der Mitte des Reichs, dessen Beginn mit den Anfängen der Reformation zusammenfällt und der nicht wenig von seiner zerstörerischen Energie von dieser bezog, auch wenn seine Auslöser viel älterer Natur waren.[20] Der Bauernaufstand hatte in Thomas Müntzer einen Anführer, der Luther an Sprachgewalt nicht nachstand, diesen in seiner Entschlossenheit zu revolutionärem Tun aber weit übertraf. Müntzers Rebellion verfolgte sehr irdische, soziale Ziele. Die von Luthers Reformation waren ausschließlich religiöser Natur. Diese Differenz machte sie zu unerbittlichen Gegnern, was für beide Bewegungen sehr folgenreich sein sollte: Ohne den Sukkurs durch die Reformation Luthers war die Bauernrevolution Müntzers zum Scheitern verurteilt, während andererseits der Bauernkrieg zu jener Krise der Reformation wurde, die über ihre weitere politische Entwicklung entschied.

Luthers Reformation konnte sich nur im engen Bündnis mit den Landesfürsten durchsetzen, die sich zu ihr, aus welchen Motiven auch immer, bekannten. Der Erfolg bestand letzten Endes darin, daß sich die Reformation in die Machtlogik einfügte, die seit langem schon die Schwächung des Reichs betrieb: Indem sie die universale Religion spaltete, förderte sie unmittelbar die Spaltung des Reichs zum Nutzen der Landesfürsten, die damit ihren Machttraum, souveräne, vom Kaiser unabhängige Herrscher zu sein, ein gutes Stück zu realisieren vermochten. Ohne die Reformation wäre der territoriale Fürstenstaat, jenes »Zaunkönigtum«, wie Bismarck spottete, nicht bis 1918 das Schicksal Deutschlands geworden. Diese Entwicklung ist aber auch der religiösen Reformation Luthers nicht gut bekommen. Indem sie, durch die besonderen Umstände erzwungen, ihren Erfolg dem politischen Wollen der Fürsten unterordnete, geriet die Reformation und erst recht der lutherische Protestantismus von Anfang an in ein enges Abhängigkeitsverhältnis zur Obrigkeit. Der König von Preußen beispielsweise wurde zum »summus episcopus«, zum weltlichen und geistlichen Oberhaupt in seinem Herrschaftsbereich.

Schon ein sehr seltsamer Ausgang für eine Glaubensbewegung, die damit begann, daß sie den längst im Schwinden begriffenen Machtanspruch des Papstes – der auf gutem Wege war, sich in der dionysischen Heiterkeit eines aufgeklärten Heidentums aufzulösen, wovon nicht zuletzt die von Raffael ausgemalten Stanzen und Loggien im Vatikan beredtes Zeugnis ablegen – mit einem Mal beseitigen wollte. Das ist aber nur die eine, höchst unfreiwillige Ironie, die der Wittenberger Mönch zu verantworten hat, und die ihm Nietzsche, der im Unterschied zu Luther viel von Ironie verstand, zum Vorwurf machte. Die andere ist, daß die Reformation ihre Kraft darin erschöpfte, das Reich lediglich zu spalten. Als ein »nation-builder« bewährte sich der Protestantismus allenfalls in Preußen mit bekannten Spätfolgen. Halbe Sachen sind indes schlechte Sachen, wie das Sprichwort weiß. Die geistige und politische Spaltung des Reichs war eine halbe Sache, deren Auswirkungen bis zur Mitte des 20. Jahrhunderts mancherlei Unheil verursachten. Kaum weniger folgenreich aber war, was der Protestantismus in den Köpfen und Herzen anrichtete: Die Freiheit des Christenmenschen, die er forderte, stiftete in der Praxis seines Glaubensbekenntnisses – die dem Gedanken des Priestertums aller Menschen verhaftet ist –, jenes Amalgam von bigotter Innerlichkeit und selbstgerechter Indolenz, die das »deutsche Wesen«, an dem einmal sogar die Welt genesen sollte, nachhaltig beeinflußte.

Im Schlagschatten des sich lang hinschleppenden Kriegs mit Frankreich, der die ganze Aufmerksamkeit des Kaisers fesselte, konnte sich die Reformation im Reich ausbreiten und festigen. Dies um so mehr, als die sich zum neuen Glauben bekennenden Reichsstände ihre Unterstützung von Zugeständnissen des Kaisers abhängig machten, die dessen Macht weiter schwächten, ihre eigene aber stärkten. Das verhieß nichts Gutes, und Luther, der am 18. Februar 1546 starb, plagte immer wieder die Vorahnung kommenden Unheils. Die Reformation hatte sich in weiten Teilen des Reichs fest etabliert. Die Protestanten waren zu einer Macht geworden, die sich gegen das Reich stellen konnte, wie sich während des französischen Kriegs gezeigt hatte. Aber sie waren zu schwach, um dem Reich auch in Friedenszeiten ihren Willen aufzuzwingen. Deshalb war vorherzusehen, daß dem Reich ein religiös überformter Bürgerkrieg drohte, in dem sich dieses Ungleichgewicht entschied.

Tatsächlich war dieser Konflikt längst im Gange, auch wenn die Dinge noch nicht so eindeutig aussahen. Man taktierte und rochierte, traf Absprachen, die sogleich wieder gebrochen wurden. Kurz, es herrschte ein schier undurchdringliches Durcheinander, das Besitzgier, wechselnde Loyalitäten und die Illusion des eigenen Vorteils in steter Bewegung hielten. Daß sich auf dem zweiten Reichstag zu Speyer 1529 die Herrschaften von Sachsen-Wittenberg, Magdeburg, Anhalt, Mansfeld, Mecklenburg, Hessen und Lüneburg sowie einige Städte wie Nürnberg, Ulm und Straßburg offen zur Reformation bekannten, bezeichnete nur eine Momentaufnahme. In manchen Territorien war überdies nur der Fürst protestantisch, während sich die Stände zum katholischen Glauben bekannten, in anderen war es wieder genau umgekehrt.

Viele wechselten ihre Glaubensüberzeugungen, wann immer sie sich einen Vorteil davon versprachen. Diese spannungsreiche Undurchsichtigkeit herrschte für mehr als ein Jahrhundert im Reich. Vor allem der Fetisch der »Libertät«, an dem der Glauben der Fürsten hing, der Traum der Freiheit und Unabhängigkeit von Kaiser und Reich, den sie für ihre Staaten träumten, erwies sich rasch als stärker als alle religiösen Überzeugungen. Die protestantischen Fürsten, die sich im »Schmalkaldischen Bund« organisierten, verfügten über den propagandistischen Vorzug, diese »Libertät« für sich offen einfordern zu können, weil vorgeblich nur diese ihnen die freie Ausübung ihres Glaubens ermöglichte. Nicht anders dachten und handelten insgeheim die katholischen Fürsten, die sich 1538 in Nürnberg zur »Liga« zusammenschlossen: Der zerschlissene Rock des Reichs war ihnen, auch wenn sie dies nicht offen zugaben, von Herzen gleichgültig; nah war ihnen lediglich das Hemd eigener Macht und Unabhängigkeit. Kaiser und Reich wurden darüber zum Spielball der beiden – konfessionell zwar gegensätzlichen, aber in ihren materiellen Interessen übereinstimmenden – Fürstenbündnisse, die um so erbitterter miteinander konkurrierten, wenn es galt, sich weitere Fetzen aus dem Rock des Reichs anzueignen.

Angesichts dessen war auch der Augsburger Religionsfrieden von 1555, der einen Schlußstrich unter die anhaltenden Wirren ziehen sollte, lediglich ein Waffenstillstand, indem er »realpolitisch« den *Status quo* im Reich anerkannte – der Besitzstand an Kirchengut vom Jahr 1552 wurde ratifiziert, was bedeutete, daß die durch die Reformation ausgelöste Vermögensumverteilung reichsrechtlich sanktioniert wurde. Bei Fortbestehen der prekären Machtbalance, von der jede Seite glaubte, sie zu ihren Gunsten verändern zu können, war ein solcher Vertrag, den keine überlegene Macht garantierte, nur ein Blatt Papier. Wie wenig der Augsburger Religionsfriede taugte, zeigte sich bald an den zahllosen Auseinandersetzungen, die überall aufbrachen und in denen mal diese, mal jene Seite obsiegte. Exemplarisch dafür ist der »Jülich-Klevener Erbfolgestreit« von 1610, bei dem zum ersten Mal deutlich wurde, welchen Preis der Fetisch der »Fürstenlibertät« einforderte: die Einmischung der europäischen Mächte, die aus der lächerlichen Quisquilie einer Erbauseinandersetzung um ein elendes Ländchen im Handumdrehen einen Weltbrand, einen großen europäischen Krieg machen konnte. Daß dieser damals noch einmal vertagt wurde, verdankte sich allein der Ermordung Heinrichs IV. von Frankreich, bevor dieser sich anschickte, in die Händel einzugreifen.

Das Menetekel eines großen Konflikts war jedoch zuvor schon sichtbar geworden. 1608 schlossen sich die protestantischen Reichsstände erneut zur »Union« unter Führung Brandenburg-Preußens zusammen. Auf diese Herausforderung antworteten die Katholiken im Jahr darauf mit der Gründung der »Liga« mit Maximilian von Bayern als Chef. Diese Konstellation war nicht neu. Sie reproduzierte lediglich jene Ohnmacht, in der sich protestantische und katholische Reichsstände seit nunmehr über zwei Generationen lauernd gegenüberstanden. Was sich jetzt geändert hatte, war aber die Dimension eines künftigen Konflikts: Diese würde nicht mehr eine Variable der Stärke der protestantischen oder der katholischen Reichsstände, von »Union« oder »Liga« sein; entscheidend für die Dimension eines künftigen Konflikts wäre jetzt vielmehr das Interesse der französischen Politik. Die Glaubensspaltung im Reich eröffnete Frankreich die willkommene Chance, die Umklammerung durch Habsburg aufzusprengen, die von Spanien über Neapel und Mailand bis in die Niederlande reichte. Das Mittel war logischerweise ein Bündnis all jener Mächte, die gegen Habsburg standen. Das waren die Türken, die an der Südostflanke das Habsburgerreich permanent bedrohten, und das waren die protestantischen Reichsstände, die noch viel wirksamer zu sein versprachen, weil sie wie eine Geschwulst im geschwächten Körper des Reichs wucherten.

Die große Explosion löste schließlich ein Aufstand in Böhmen aus, dessen Adel fast geschlossen auf den Protestantismus gesetzt hatte, schien der doch die aktuellste Gewähr dafür zu bieten, die besondere Stellung Böhmens im Reich weiter auszubauen. Die Aufständischen suchten sich mit ihrer Revolte den »Bruderzwist im Hause Habsburg« zunutze zu machen: Erzherzog Matthias empörte sich gegen seinen Bruder Kaiser Rudolf II. Matthias hatte sich zuvor der Unterstützung der böhmischen Stände durch den sogenannten »Majestätsbrief« von 1609 versichert, der ihnen die Respektierung ihres Glaubensbekenntnisses garantierte. Matthias, der 1612 nach der erzwungenen Abdankung des geistesverwirrten Rudolf II. den deutschen Kaiserthron bestieg, betrieb schlicht aus Schwäche eine Politik der unbedingten Toleranz, von der die Ausbreitung des Protestantismus in den habsburgischen Erblanden entschieden begünstigt wurde. Dauerte dieser Zustand fort, dann würden die Erblande und mit ihnen binnen kurzem auch die noch katholischen Reichsteile protestantisch werden. Dieser Tendenz nicht nur einen Riegel vorzuschieben, sondern sie nach Kräften umzukehren, war das Programm, dem sich Kaiser Ferdinand II. (1619–1637) verschrieben hatte.

In Ferdinand II. hat man deswegen immer das politische Werkzeug der Gegenreformation gesehen. Tatsächlich wurde die Reformation jetzt von ihrer Schwäche eingeholt, daß es ihr nicht gelungen war, die alte Kirche im Reich gänzlich zu vernichten. Für dieses Versagen mußten nun das Reich und seine Bewohner mit einem fürchterlichen dreißigjährigen Strafgericht büßen. Das wirre und blutige Geschehen gliederte sich in drei Akte: Das Reich begann diesen Krieg, der rasch zu einem Konflikt wurde, den die europäischen Mächte ihres Einflusses wegen um das Reich führten und in dem das Reich in seiner letzten Phase nur noch Schlachtfeld war.[21] Der Auslöser dieses Unheils war der berühmte »Fenstersturz zu Prag« vom 23. Mai 1618, als von Protestanten die kaiserlichen Statthalter aus einem Fenster der Prager Burg geworfen wurden. Die überlebten diesen Sturz zwar unversehrt, weil sie auf einem Misthaufen landeten. Die Tat erwies sich jedoch als Fanal für die evangelischen Stände Böhmens, die jetzt einen eigenen Landtag einberiefen. Dieser Schritt war nur als förmliche Lossagung von der Hoheit des habsburgischen Landesherrn zu deuten, zumal sie gleichzeitig begannen, ein eigenes Heer aufzustellen.

Während dieser, je nach Blickwinkel, hochverräterischen oder revolutionären Aktivitäten starb Kaiser Matthias am 20. März 1619. Das war ein Ereignis, das die Logik der weiteren Abläufe beschleunigen mußte: Die evangelischen Stände verweigerten dem Nachfolger, Erzherzog Ferdinand, nicht nur die Huldigung als König von Böhmen, sondern verkündeten am 22. August 1619 seine Absetzung und die Wahl des Führers der protestantischen »Union«, des Kurfürsten Friedrich von der Pfalz, zum König von Böhmen. Die Annahme dieser Wahl durch den »Winterkönig«, wie er später genannt werden sollte, denn nur einen Winter währte seine Macht und Herrlichkeit, war eine offene Kriegserklärung an Habsburg. Wer Herr in Böhmen sein sollte, war in diesem Konflikt von Anfang an nebensächlich. Dagegen war klar, daß dieser Kampf die konfessionelle Zukunft Habsburgs und damit auch die der noch katholischen Reichsteile entscheiden würde. Ferdinand II. erkannte diese Gefahren sofort und entschloß sich, die böhmische Revolution zu vernichten.

Aus eigener Kraft war das Haus Habsburg dazu aber nicht imstande. Es brauchte Hilfe von außen, die nur für einen hohen Preis zu haben war, den Ferdinand zu zahlen ohne Zögern bereit war. Herzog Maximilian von Bayern, der Chef der katholischen »Liga«, nannte zwei Bedingungen: Erstattung aller Kosten und die Übertragung der pfälzischen Kurwürde auf die bayerischen Wittelsbacher.

Daß die Intervention der »Liga« in Böhmen erfolgreich sein würde, konnte seit dem 3. Juli 1620 als ausgemacht gelten. An diesem Tag schloß die protestantische »Union« mit der katholischen »Liga« in Ulm einen Vertrag, in dem sie sich darauf verpflichteten, einander in Böhmen freie

Hand zu lassen, sich im Reich aber nicht anzugreifen. Damit gaben beide Seiten zu erkennen, daß sie den drohenden Konflikt regional begrenzen und sich nicht von den aufständischen Böhmen in einen Bürgerkrieg hineinziehen lassen wollten, der wie ein Steppenbrand das ganze Reich erfassen würde. Kaum weniger entscheidend für den sicheren Erfolg der »Liga« war, daß Kursachsen seine Unterstützung für Kurfürst Friedrich von der Pfalz aufkündigte, der auf diese Weise völlig isoliert dastand. Das protestantische Lager ließ damit einen der Seinen im Stich. Den Ausschlag für diese Wendung gab die Überlegung, den *Status quo* im Reich zu wahren, ein eingelebter Reflex, den jene Art Klugheit steuerte, die aus Schwäche resultiert. Hinzu kam, daß Kurfürst Friedrich von der Pfalz innerhalb des Protestantismus das Haupt der calvinistischen Strömung war, die einen militanten Fundamentalismus vertrat und den endgültigen Sieg des neuen Glaubensbekenntnisses mit allen Mitteln, also auch mit Revolution und Waffengewalt, erzwingen wollte. Das lehnte die lutherische Mehrheit in der »Union« ab. Was man hatte, wollte man bewahren und in Ruhe mehren, und den Kaiser, solange er dies respektierte, nicht reizen. Außerdem hatten die böhmischen Ereignisse auch den evangelischen Ständen einen gehörigen Schrecken eingejagt. Was sich in Böhmen zugetragen hatte, konnte auch sie in Gefahr bringen, zumal eine calvinistische Radikalisierung sie um ihre eigene Macht fürchten lassen mußte.

Solche »realpolitischen« Überlegungen besiegelten das Schicksal des »Winterkönigs«, über das in der Schlacht am Weißen Berg bei Prag am 8. November 1620 entschieden wurde. Der Kaiser und das katholische Lager errangen einen überwältigenden Sieg. Damit war auch das Schicksal des Protestantismus, der die habsburgischen Erblande überschwemmt hatte, besiegelt. Der *Status quo ante* des Augsburger Religionsfriedens wurde hier mit brutaler Gewalt wiederhergestellt. Das Reich schien noch einmal dem großen Konflikt entronnen zu sein. Eine trügerische Illusion, denn Bayern bestand auf der zugesagten Kurwürde des Pfälzers. Der bayerische Ehrgeiz erzwang damit die Ausweitung des Krieges auf einen anderen Schauplatz, die Erblande von Kurfürst Friedrich von der Pfalz. Das war nackte Aggression, der das Mäntelchen des Rechts dadurch umgehängt wurde, daß der Kaiser über den Pfälzer die Reichsacht verhängte oder, modern gesprochen, einen Haftbefehl wegen Hochverrats gegen ihn erwirkte, der vollstreckt werden mußte.

Mit dem »Legalitätsprinzip« hatte derlei wenig zu tun. Es war eine politische Entscheidung, die aus Opportunitätserwägungen getroffen wurde, d. h., um den Ehrgeiz des Bayern-Herzogs Maximilian nach Standeserhöhung zu befriedigen. Aus Gründen der politischen Vernunft wäre sie besser unterblieben, denn ein Krieg um die Rheinpfalz konnte weder die evangelischen Reichsstände unbeteiligt lassen, die nun ihrerseits den *Status quo* verteidigen mußten, noch gar die europäischen Mächte. Die Pfalz war der geographische Schnittpunkt ihrer Machtinteressen. Für Spanien bedeutete sie die Landbrücke zwischen den Spanischen Niederlanden und seinem oberitalienischen Besitz. Ebendas veranlaßte Frankreich, mit beständigem Argwohn auf diesen an sich völlig bedeutungslosen Landstrich zu starren, der, solange er von einem calvinistischen Fürsten beherrscht war, die habsburgische Umklammerung im Osten unterbrach.

Diese Konstellation brachte die Entscheidung. Spanien witterte seine Chance, die Uneinigkeit der europäischen Mächte und die offensichtliche Schwäche der evangelischen Reichsstände auszunutzen. Alles mußte nur sehr rasch gehen, um ein *fait accompli* zu schaffen, das eine Intervention der anderen Mächte erschwerte. Spanische Truppen marschierten von den Niederlanden aus in die Pfalz ein. Formal war dies eine Aggression des Reichs, die mit einem Reichskrieg gegen Spanien hätte beantwortet werden müssen. Seit der Abdankung Karls V. 1556 hatte sich das habsburgische Weltreich in zwei Linien geschieden: in die spanische, die ein Weltreich beherrschte, und in die österreichische, die im Reich regierte. Mit solchen Formalien wollte sich jedoch im kaiserlich-katholischen Lager niemand aufhalten, zumal die Vorteile der spanischen Intervention deutlich ins Auge stachen: Spanien erfüllte mit seiner Intervention das Versprechen Ferdinands II., Bayern die Pfälzer Kurwürde zu verschaffen; und in Madrid versicherte man eilig, die Pfalz nicht annektieren zu wollen. Für Frankreich, die anderen europäischen Mächte oder die evangelischen Reichsstände in Mittel- und Norddeutschland machte es jedoch keinen Unterschied, wem die Pfalz gehörte: Spanien oder Österreich. In jedem Fall wäre der *Status quo* entschieden zugunsten der katholischen Seite verändert worden, die damit außerdem in eine Abhängigkeit von der spanischen Macht zu geraten drohte. Solchen Ausgang galt es mit allen Kräften zu verhindern. Damit wurde der große Weltbrand, den der calvinistische Hasardeur Kurfürst Friedrich von der Pfalz in Böhmen hatte entzünden wollen, durch den bayerischen wie den spanischen Ehrgeiz angefacht. Der Mechanismus der europäischen Machtinteressen mußte den jetzt ausbrechenden Konflikt notwendig entgrenzen.

Die schiere Dauer dieses Krieges wie seine entsetzliche Grausamkeit hatten ein und dieselbe Wurzel: die Schwäche aller beteiligten Mächte. Keine hatte das Geld oder die Potenz, eine rasche Entscheidung herbeizuführen. Jede konnte gerade die eigenen Einflußzonen behaupten, um dann und wann einen Vorstoß in Gebiete wagen, die vom jeweiligen Gegner kontrolliert wurden. Diese Schwäche zwang allen am Konflikt Beteiligten eine eigenartige Rationalität der Kriegsführung auf: Ihre Strategie mußte darauf angelegt sein, eine Entscheidung, und sei es auch nur eine große Schlacht, tunlichst zu vermeiden. Statt dessen lautete das Kalkül, den Gegner nach Kräften zu schädigen, sein Hinterland zu verwüsten, seine Vorräte zu vernichten, seine Ressourcen zu verkümmern. Mit anderen Worten: Es waren die an diesen Welthändeln unbeteiligten Menschen betroffen, die wehrlosen Bauern, aber auch die Städte, die, da sie sich meist etwas zur Wehr setzen konnten, die Wut ihrer Eroberer zum Blutrausch steigerten. Das Schicksal Magdeburgs, das von Tillys Truppen am 10. Mai 1631 im Sturm genommen wurde, ist nur das bekannteste, weil schauerlichste Exempel. Überall wiederholten sich im Reich Schreckensszenen, die jene des »Sacco di Roma« an erfinderischer Grausamkeit noch übertrafen. Kein Wunder, denn diese Exzesse folgten einer eigenen Logik, die in der Blutgier der schlechtbesoldeten und undisziplinierten Haufen, mit denen alle Seiten diesen Krieg bestritten, ihre Ursache hatte. In *Der abenteuerliche Simplicissimus*, Grimmelshausens Schelmenroman aus den Tagen des Dreißigjährigen Kriegs, läßt sich das in epischer Breite nachlesen oder auf den berühmten Radierungsfolgen Jacques Callots, den *Petites* und den *Grandes Misères de la Guerre,* im Bild studieren.

Im verworrenen Gewoge dieses Kriegsgeschehens lassen sich verschiedene Phasen in aller Kürze skizzieren. Zunächst schien die in sich zerstrittene katholische Seite wider alle Wahrscheinlichkeit zu obsiegen. Der katholischen »Liga« und dem kaiserlichen Generalissimus Wallenstein, einer Ausnahmegestalt von widrigem Reiz, gelang es, in zwei Schlachten die protestantische Seite nachhaltig zu schwächen: Im April 1626 schlug Wallenstein an der Dessauer Brücke ein protestantisches Heer, und im August brachte der Oberbefehlshaber der »Liga«, Tilly, dem dänischen König bei Lutter am Barenberge eine vernichtende Niederlage bei. Dieser Doppelerfolg verschärfte die seit längerem schwelende Zwietracht im katholischen Lager, zumal sich Wallenstein nun ermutigt sah, sein ehrgeiziges, vermutlich alles andere als uneigennütziges Trachten rücksichtslos zu verfolgen, der Macht des Kaisers alleinige Geltung zu verschaffen. Damit machte sich Wallenstein die in der »Liga« verbündeten katholischen Reichsfürsten zu Feinden, die natürlich nicht im Traume daran dachten, ihre Macht und Unabhängigkeit preiszugeben. Aber Wallenstein schwebten noch größere Ziele vor, die sein Verderben heraufbeschworen. Damit scheiterte er am Widerstand Dänemarks und Schwedens. Nun ging auch der Kaiser, der diesen ausschweifenden Absichten insgeheim immer mißtraut hatte, offen auf Distanz. Auf dem Kurfürstentag zu Regensburg 1630 rührte Ferdinand II. keine Hand, um seinen Generalissimus davor zu bewahren, von der Fronde der partikularen Interessen der Reichsstände gestürzt zu werden.

Auch wenn Ferdinand II. den tollkühnen Plänen Wallensteins eine Absage erteilte, so wollte er andererseits doch nicht darauf verzichten, aus der augenblicklichen Stärke für die katholische Seite Gewinn zu schlagen. Den sollte ihm das Restitutionsedikt von 1630 verschaffen. Dieses Reichsgesetz stipulierte, daß die Protestanten allen Kirchenbesitz, den sie nach 1552 erworben hatten, dem Stichjahr, in dem der Augsburger Religionsfrieden ratifi-

ziert worden war, wieder entschädigungslos herausrück-
ten. Das war einiges, und nicht wenige evangelische Reichsstände wären damit um ihre Existenz gebracht worden –
mit der Folge, daß das neue Glaubensbekenntnis Gefahr
gelaufen wäre, im Reich marginalisiert zu werden, weil die
ihm für seine weitere Entwicklung notwendige staatliche
Basis in großem Umfang entzogen worden wäre.

Es waren aber keineswegs religions-, sondern ausschließlich machtpolitische Überlegungen, die angesichts
dieses sich abzeichnenden Übergewichts der katholischen
Seite jetzt Schweden und Frankreich zu einer Intervention
veranlaßten. Damit begann eine neue Phase des Krieges, in
der Kaiser und »Liga« in erhebliche Bedrängnis gerieten
und schwedische Truppen sengend und brennend in das
bis dahin von den Kriegswirren verschonte Bayern, die
»Ordnungszelle der Gegenreformation«, vordrangen. In
seiner Not spielte der Kaiser seine letzte Karte und berief
Wallenstein wieder zum Feldherrn, der sich nun eigen-
mächtiger denn je gerierte. Wallenstein hatte derartige Erfolge in Sachsen, daß es ihm gelang, die Schweden zum
Rückzug aus Süddeutschland zu zwingen. Wallenstein
schien nun wieder freie Bahn zu haben, seine hochfliegen-
den Pläne zu verfolgen, scheiterte damit aber erneut am
Mißtrauen des Kaisers. Als er dieses Spiel aber ohne den
Kaiser und auf eigene Rechnung wagen wollte, gab Ferdinand II. den Befehl, den Generalissimus unschädlich zu
machen. Am 25. Februar 1634 wurde Wallenstein in Eger
ermordet.

1634 siegten die Kaiserlichen bei Nördlingen. Damit
schien ein Friedensschluß zum Greifen nahe, denn alle
Reichsstände waren zu der Einsicht gelangt, daß eine Fort-
setzung des Kriegs keiner Seite einen Vorteil verschaffte.
Tatsächlich vereinbarten der Kaiser und Kursachsen den

sogenannten Prager Frieden, dem die wichtigsten evangelischen Reichsstände beitraten, obwohl sie damit die mehr
oder minder großen Inseln, die das evangelische Glaubensbekenntnis in Süddeutschland und den habsburgischen
Erblanden gebildet hatte, preisgaben. Ferner wurde eine
Auflösung aller Fürstenbünde, der »Union« wie der
»Liga«, verabredet. Außerdem sollten die um den Kaiser
gescharten Reichsstände die fremden Truppen aus dem
Reich vertreiben, während man Schweden für den Ver-
zicht auf seine Beute mit Geld entschädigen wollte. Doch
mit diesem Frieden, der die Integrität und Unabhängigkeit
des Reichs sowie die Stellung des Kaisers gerettet hätte,
wurden zu viele Absichten auf einmal verfolgt. In den
sechzehn Jahren, die der Krieg schon gedauert hatte, war
einer der größten Verluste das Vertrauen, das es brauchte,
um solchen Absprachen auch Taten folgen zu lassen. Dieses Vertrauen war unverzichtbar, mutete dieser Frieden
doch vor allem den evangelischen Reichsständen ein *ren-
versement des alliances* um den Bestand des Reichs willen
zu, ein Ansinnen, für das sie weder innere Kraft noch
Überzeugung besaßen. Deshalb ging der Krieg einfach
weiter. Aber auch dazu fehlte jeder Seite Kraft und Überzeugung, weshalb jetzt dessen dritte und fürchterlichste
Phase begann: der Krieg, den die europäischen Mächte gegen und um das Reich führten.

Frankreich, das sich bislang zurückgehalten hatte,
machte den Anfang. 1635 schloß es mit Bernhard von Weimar, einem der kriegerischen Talente auf protestantischer
Seite, ein Bündnis: Mit französischem Geld sollte Bernhard am Rhein eine Armee aufstellen und mit deren Hilfe
den protestantischen Machtbereich ausweiten. Als Bernhard 1639 starb, fielen seine Eroberungen, vor allem die
Festung Breisach, die dem habsburgischen Breisgau un-

mittelbar benachbart war, an Frankreich. Damit besaßen die französischen Truppen am Oberrhein einen Brückenkopf, von dem aus sie nach Süddeutschland vordringen konnten. Auch Schweden erkannte die Gunst der Stunde und fiel von Norden her ins Reich ein. In weniger als einem Jahr wurde unter der Wucht dieser konzentrischen Angriffe die ganze Machtstellung zerschlagen, die der Kaiser besessen hatte und die ihm der Frieden von Prag sichern sollte. Schlimmer noch, da die eigenen Mittel weitgehend erschöpft waren, schienen Kaiser und Reich dem Untergang geweiht.

In dieser dritten und letzten Phase artete der Krieg endgültig zu sinnlosem Morden und Brandschatzen aus, dessen negatives Ziel es war, das Reich in eine einzige wüste Ödnis zu verwandeln. Diesen »Sacco di Germania« inszenierten Söldnerhaufen, in denen der Abschaum ganz Europas zusammengeflossen war. Das »Gesetz«, von dem sie sich leiten ließen, hat Grimmelshausen aufgeschrieben:

»... denn fressen und saufen, Hunger und Durst leiden, huren und buben, raßlen und spielen, schlemmen und demmen, morden und wieder ermordet werden, totschlagen und wieder zu Tod geschlagen werden, tribulieren und wieder gedrillt werden, jagen und wieder gejagt werden, ängstigen und wieder geängstigt werden, rauben und wieder beraubt werden, plündern und wieder geplündert werden, sich fürchten und wieder fürchten, Jammer anstellen und wieder jämmerlich leiden, schlagen und wieder geschlagen werden; und in Summa nur verderben und beschädigen und hingegen wieder verderbt und beschädigt werden, war ihr ganzes Tun und Wesen; woran sie sich weder Winter noch Sommer, weder Schnee noch Eis, weder Hitz noch Kält, weder Regen noch Wind, weder Berg noch Tal, weder Felder noch Morast, weder Gräben, Päß, Meer, Mauren, Wasser, Feuer, noch Wälle, weder Vater noch Mutter, Brüder und Schwestern, weder Gefahr ihrer eignen Leiber, Seelen und Gewissen, ja weder Verlust des Lebens noch des Himmels, oder sonst einzig anderer Ding, wie das Namen haben mag, verhindern ließen: sondern sie weberten in ihren Werken immer emsig fort, bis sie endlich nach und nach in Schlachten, Belagerungen, Stürmen, Feldzügen und in den Quartieren selbsten [...] umkamen, starben, verdarben, und krepierten; bis auf etlich wenige, die in ihrem Alter, wenn sie nicht wacker geschunden und gestohlen hatten, die allerbesten Bettler und Landstörzer abgaben.«[22]

Wie ein Flächenbrand erlosch der Krieg schließlich einfach deshalb, weil seine Furie nichts mehr fand, was sie hätte verzehren können. Ganze Landstriche waren entvölkert, Dörfer in Schutt und Asche gelegt, Städte verwüstet, Handel und Wandel lagen darnieder. In der Pfalz und im mittleren Deutschland glich das Reich einem Totenacker. Unter der Bevölkerung des Reichs, die man auf 25 Millionen Seelen schätzt, soll der Dreißigjährige Krieg rund 10 Millionen Opfer gefordert haben, ein Aderlaß von 40 Prozent. Vergleichbar verlustreich ist für Deutschland kein späterer Krieg gewesen. Aber es sind nicht »nur« die Menschenleben, die in einer Bilanz zu berücksichtigen sind; es gilt auch die Verheerungen zu ermessen, die ein solches Wüten in der Erinnerung der Überlebenden hinterlassen hat. Die entziehen sich jeder Quantifizierung, jeder Vorstellung. Ein Volk, das einen solchen Schrecken durchlitten hat, wird für lange daran zu tragen haben. Diese Spanne wird bei weitem jene Zeit überdauern, die es braucht, um allein die ungeheuren materiellen Verluste auszugleichen.

Zum Epilog dieses Krieges wurde der Westfälische Frieden, der die Bedeutung einer deutschen Magna Charta erlangen sollte. Dieser Vertragstext, dessen Bestimmungen von Frankreich und Schweden garantiert wurden, galt von nun an als der wichtigste Verfassungstext des Reichs. Als solcher hatte er *de jure* bis zu dessen stillem Ende im Jahr 1806, *de facto* aber bis 1866 Geltung, denn der Deutsche Bund, wie die politisch-staatliche Organisationsform Deutschlands nach 1815 hieß, entsprach in wesentlichen Aspekten dieser Friedensordnung. Mit dem Westfälischen Frieden wurde auch der territoriale Konfessionsstaat nach dem Grundsatz »cujus regio, ejus religio« endgültig anerkannt. Gleichzeitig erhielten die »Libertäten« der Reichsstände, also die landesherrlichen Souveränitätsrechte, den verfassungsrechtlichen Segen: Jeder Landesherr besaß nun die volle Bündnisfreiheit, d. h., er konnte auch mit ausländischen Mächten Allianzen vereinbaren, sofern diese sich nicht, so eine Klausel, gegen Kaiser und Reich richteten, was aber in der Praxis nicht viel besagen sollte. Schließlich wurde mit diesem Friedensschluß auch der Ehrgeiz Bayerns gestillt, das die Kurwürde erhielt und die Oberpfalz als Zugabe, während der Rheinpfalz die neugeschaffene achte Kurwürde zugesprochen wurde.

Die Verfassungsordnung, wie sie vom Westfälischen Frieden gestiftet wurde, ist seither immer wieder heftig kritisiert worden. Dem Verfassungsrechtler Pufendorf schien es, daß das Reich geradezu einem »monstro simile«, einer wahren Monstrosität glich. In dasselbe Horn stieß der nachmalige preußische Staatsphilosoph Hegel, der in der Einleitung seiner 1800 bis 1802 entstandenen Schrift *Die Verfassung Deutschlands* bündig feststellte: »Es ist kein Streit mehr darüber, unter welchen Begriff die deutsche Verfassung falle. Was nicht mehr begriffen werden kann, ist nicht mehr.«[23] Ohne Zahl sind auch die Historiker, die – wenn sie sich nicht mit stummem Abscheu von der weiteren Geschichte des Reichs ab- und statt dessen derjenigen Brandenburg-Preußens, das seit 1648 zur führenden Macht in Deutschland aufstieg, zuwandten – nur die Ohnmacht des Reichs beklagen konnten, die mit den Bestimmungen des Westfälischen Friedens endgültig kodifiziert worden sei. Um so erstaunlicher, daß dieses unverstandene und monströse Gebilde dennoch über zweihundert Jahre der Mitte Europas eine politische und gesellschaftliche Stabilität verschaffte, die Goethe als einen Zustand beschrieb, in dem sich jedermann wohlfühlen konnte.

Hegel und andere mehr verwirrte, daß sie die tatsächliche Stärke der Verfassung des Heiligen Römischen Reichs Deutscher Nation mit Schwäche, ja, mit machtpolitischer Ohnmacht verwechselten. Dieser Irrtum entstand aus der Orientierung an dem absolutistischen Machtstaat, der sich damals ausgebildet hatte, und basierte zum anderen auf einem völligen Mißverständnis der Bedeutung des Reichs, die mit seiner Funktion in eins fiel: Das Reich und die Reichsverfassung garantierten den Bestandsschutz, sprich die »Landeshoheit« jener Reichsstände, die sich ihre Souveränität erworben und über den Krieg behauptet hatten. Diese Garantieleistung war jedoch mit der stillschweigenden Bedingung verknüpft, daß deren relative Schwäche gleichfalls erhalten blieb. Das Geheimnis der Stärke des Reichs bestand also keineswegs in einer konventionellen politischen Macht, sondern in der Schwäche seiner Glieder, die durch einen ausgeklügelten Mechanismus derart konserviert wurde, daß jedes einzelne sich gleichwohl des Selbstbewußtseins eigener Stärke erfreuen konnte. Aus der Kontrolle dieses Mechanismus – die sich darin erfüllte, jede Dynamik zu neutralisieren, welche die-

77

ses fein austarierte Gleichgewicht der Schwäche von innen oder von außen hätten stören können – speiste sich die erstaunliche Stabilität des Ganzen. Der Kaiser oder einzelne seiner Gliedstaaten konnten diesen Mechanismus im Sinne seines Wirkungsgesetzes beeinflussen; beide mußten aber auch erleben, daß sie ebendieser Mechanik und ihrem Gesetz unterlagen, wenn sie dagegen aufbegehrten. Der Westfälische Frieden kodifizierte damit die Erfahrungen, die von den Reichsständen in einem mehr als zweihundertjährigen Ringen gemacht worden waren: Keiner unter ihnen, auch nicht der Kaiser, konnte genug Macht auf sich konzentrieren, um den anderen seinen Willen zu diktieren. Diese Erfahrung hatten auch die europäischen Mächte im Dreißigjährigen Krieg machen müssen. Wer immer in diesem Konflikt glaubte, die Oberhand zu haben, sah sich sofort mit einer Mächtekoalition konfrontiert, die ihm alle seine Vorteile wieder zunichte machte. So erging es erst dem »Winterkönig«, dann dem Kaiser, den Schweden und schließlich den Franzosen. Weder ein Glaubensbekenntnis noch gar eine Ideologie bestimmte das Verhalten der Reichsstände, sondern nur der Instinkt und das Interesse, ihre »Libertäten« zu verteidigen. Das erklärt die raschen Frontenwechsel, die überraschenden *renversements des alliances.*

Dank dieser Beweglichkeit, welche die allzu große Abhängigkeit von einer Macht umsichtig mied und Undankbarkeit zu einer politischen Tugend machte, gelang es den deutschen Staaten, ihre Unabhängigkeit zu wahren, indem sie gleichermaßen darauf achteten, von keiner der größeren Mächte oder einem ihrer Genossen geschluckt zu werden. Der Preis für dieses Überleben in Unabhängigkeit war die ihnen je eigentümliche Schwäche, die durch den Westfälischen Frieden garantiert wurde. Die erstaunliche

Elastizität und Zuverlässigkeit dieses Mechanismus hat zahlreiche Tests, Kriege und Krisen, überstanden. Stets funktionierte er reibungslos. Erstaunlich lange konnte von ihm sogar der Machtzuwachs, den Preußen beispielsweise unter Friedrich II. errang, neutralisiert werden, während derselbe Mechanismus bei Napoleon für einige Jahre versagte. Aber kaum war dessen Macht gebrochen, funktionierte alles wie bisher. Erst die industrielle Revolution und Bismarck zerstörten ihn vollständig. Bismarcks Schöpfung, das Deutsche Reich von 1871, das den Traum von der Macht Deutschlands in der Mitte Europas realisierte, wurde jedoch schon nach einer Generation zum Alptraum der ganzen Welt.

# Inkubation

Bislang ging es um die gewaltigen tektonischen Verschiebungen, die das innere Gefüge des Heiligen Römischen Reichs Deutscher Nation zu Beginn der Neuzeit grundlegend veränderten. Vom gemeinen, vom kleinen Mann war nicht die Rede. Zweifellos hat es ihn gegeben, aber im Zusammenhang dieser großen Veränderungen tritt nur eine von Ängsten, Begierden, trügerischen Hoffnungen beherrschte Masse in Erscheinung. Selbst wenn er zum Täter wird, verschwindet er in der Menge, die es ihm gleichtut. Ebenso verhält es sich, wenn er Opfer ist, was ihm weitaus häufiger beschieden gewesen sein dürfte. Diese Wahrnehmung ist nicht nur eine Frage der Perspektive oder des Forschungsstandes, sondern auch eine der Quellen. Für die ist der gemeine Mann kaum je Gegenstand. Allenfalls seine Pflichten werden genannt, beispielsweise in den Gesindeordnungen, oder die Abgaben und Zehnten, die er seinem Grundherrn schuldet. Über seine Nöte und Plagen, sein Wünschen und Wollen bewahren die Quellen tiefes Schweigen. Warum das so ist? Der kleine Mann war lediglich ein Objekt. Er galt kaum mehr als ein Stück Vieh. Die Praxis der feudalen Herrschaft, die Abhängigkeiten des Fronwesens so gut wie die der Zünfte, betrogen ihn zwar nicht um sein Schicksal, ganz gewiß aber um seine Geschichte.

Nach dem Dreißigjährigen Krieg, der den effektvollfürchterlichen Abschluß aller vorausgegangenen Umwälzungen bildete, kommt der kleine Mann jedoch langsam zum Vorschein, beginnt er, sich seiner selbst bewußt zu werden, begreift er sich allmählich als Subjekt. Aber nicht, daß er mit einemmal in das große Räderwerk des Weltgetriebes eingriffe, Gott behüte! Vielmehr erfindet er sich sein eigenes Biotop, das er nach seinen Visionen und Möglichkeiten auszugestalten sucht, und das nicht nur klein und unauffällig ist, sondern das auch die Aura des Selbstverständlichen, des Althergebrachten umwittert. Dieses Biotop ist die kleine Stadt, die Landstadt, der Marktflecken, der sich irgendwann einmal die Stadtrechte ertrotzte. Das hatte nicht allzuviel zu bedeuten, aber man war doch mehr als ein Dorf, das einem Reichsritter gehörte, der sich wie ein Gauch oder Strauchdieb aufführen konnte. Wer in der Stadt lebte, der hatte sein Eigentum. Das bedeutete zunächst nicht Besitz im materiellen Sinne, sondern daß man sich selbst gehörte. Man war Subjekt, nicht Mündel.

Natürlich gab es diese kleinen Städte zahlreich schon vor dem großen Krieg. Auch im Reich lief jene Bewegung ab, die der französische Historiker Fernand Braudel als »mouvement communal« identifizierte[24] und die dadurch charakterisiert war, daß die Städte ein soziales und politisches Selbstbewußtsein entwickelten und eigene Rechte und Freiheiten den Feudalherren abgewannen. Auch scheinen diese Städte – obwohl sie, was Einwohnerzahl oder Wohlstand anbelangt, von den Nöten und Verheerungen keineswegs verschont blieben – den Dreißigjährigen Krieg verhältnismäßig besser überstanden zu haben als das platte Land. Dafür spricht nicht zuletzt, daß sie erst jetzt wahrgenommen wurden, im Diskurs der Staatsrechtler auftauchen oder Historiker sich daran machen, ihre Geschichte aufzuschreiben. Darin läßt sich der Reflex des Selbstbewußtseins erkennen, das diesen Städten in dem Maße zuwuchs, in dem ihre Bewohner sich ihrer selbst bewußt zu werden begannen. Der Dreißigjährige Krieg hatte daran keinen geringen Anteil, weil sein Ausgang ein höchst janusköpfiges Ergebnis zeitigte: Einerseits wurde mit dem Westfälischen Frieden die weitgehende Unabhängigkeit der Stände und Herrschaften im Reich besiegelt, andererseits aber bestand der Preis auch in deren relativer Schwäche nach innen, ein Umstand, den sich die Städte sofort zunutze machten, um ihr Selbstbewußtsein zu festigen.

Der materielle Ausdruck dieses Selbstbewußtseins sind die Mauern, die Türme, die Tore, die nachts geschlossen werden. Das vor allem unterscheidet die kleinen Städte äußerlich vom Dorf, das Tag und Nacht offen daliegt. Sonst unterscheiden sich beide ihrem sichtbaren Charakter nach kaum. Hier wie dort scharren die Hennen auf dem Mist, grunzen die Schweine in ihren Koben, rucken die Tauben auf dem Dach. Aber die Mauern, die Türme, die Tore sind dem Bewußtsein des Kleinstädters die Säulen des Herkules: *Nec ultra*. Ihre bloße Silhouette verheißt Sicherheit, Geborgenheit. Sie sind die Insignien des Eigentums, das die Gußform seiner Innerlichkeit ist.

Die Mauern, Türme und Tore haben vor allem eine symbolische Bedeutung: Sie markieren einen Ort, der nach seinen eigenen Gesetzen lebt. Jede dieser kleinen Städte war Träger irgendeines Privilegs, eines Rechts, besaß meist sehr triviale Hoheits- oder besondere Gerichtsrechte, kurz, hatte einen verbrieften oder auch nur behaupteten Anspruch – ein Pfund, das sie eifersüchtig bewachten und mit dem sie wucherten: »Eine Stadt ist ein solcher Ort, der aus dem ursprünglichen juristischen Zusammenhange mit der Umgebung ausgesondert ist, und eine abgeschlossene, zu einer selbstständigen Gemeindeverbindung gestaltete

Localverfassung erhalten hat. Der Inhalt dieser besonderen, abgeschlossenen Ortsverfassung wird vielfältig bestimmt durch die vorzugsweise den Städtebewohnern eigne Betreibung der Handwerke und des Handels.«[25] Mitte des 18. Jahrhunderts gab es beispielsweise in Kurbayern 176 Landstädte, die ihr soziales, wirtschaftliches und politisches Sondertum mit einem solchen Recht verteidigten.[26] Dabei handelte es sich häufig nicht um irgendwelche hoheitlichen Befugnisse, die ihnen vom Kurfürsten delegiert und deshalb auch jederzeit wieder hätten entzogen werden können, als vielmehr um lokale Gewohnheitsrechte, die *statuta*, die durch lange Tradition geheiligt und deshalb nur schwer zu modifizieren oder gar einzuziehen waren. Das gab es nicht nur in Bayern, sondern überall im Reich, weshalb Christian Gottlieb Riccius seine wahrhaft enzyklopädische Darstellung der im Reich gültigen Stadtverfassungen mit dem Seufzer eröffnete: »Die allerspeziellsten Teutschen Gesetze sind in unserem Teutschland die besonderen Satzungen oder Statuta der Landstädte ...«[27]

Diese Rechte bildeten den Kern des gleichermaßen respektierten Anspruchs auf weitgehende Selbstverwaltung ihrer inneren Angelegenheiten, die diese Städte erfolgreich ausübten. Das gilt unbeschadet der Tatsache, daß dieser Anspruch lediglich 51 Städten, die im Westfälischen Frieden namentlich aufgezählt sind, vom Kaiser selbst zugestanden worden war: den »freien Reichsstädten«, die unmittelbar der kaiserlichen Verwaltung und Rechtsaufsicht unterstellt waren. Auch wenn sie auf dieses Privileg verzichten mußten, behaupteten die Landstädte dennoch ihr Sondertum gegenüber dem jeweiligen Landesherrn, indem sie sich auf ihre Gewohnheitsrechte beriefen. Daß dieser die Städte in ihrer Besonderheit respektierte, war eine Funktion der Schwäche seines inneren Regiments, mit der sich der Verfassungsmechanismus des Westfälischen Friedens ins Innere der jeweiligen Territorien fortsetzte: Im gleichen Maße, wie ein Landesherr durch diesen Mechanismus davor bewahrt wurde, von einem mächtigeren Nachbarn geschluckt zu werden, mußte er sich andererseits Zügel anlegen, das Sondertum der Landstädte in seinem Herrschaftsbereich beseitigen zu wollen, weil ihm das seinem Nachbarn gegenüber einen Vorteil verschafft hätte, den dieser nicht dulden konnte. Das hätte das Gleichgewicht der Schwäche aus der Balance gebracht.

Auf diese Weise konnten sich die Städte eine Stärke aneignen, die sie aus eigener Kraft nie besessen hätten. In dieser Hinsicht waren sie vergleichbar mit den allermeisten Landesherrn, die auch nicht aus eigener Macht imstande gewesen wären, ihren zur Schau gestellten Absolutismus *à la mode* im Konfliktfall zu behaupten.[28] Die zweite wichtige Voraussetzung für die soziale und politische Autonomie des städtischen Sondertums war weitgehende wirtschaftliche Autarkie. Im Unterschied zu den größeren Reichsstädten, die Netzknoten im System des Fernhandels darstellten, waren die Landstädte in wirtschaftlicher Hinsicht selbstgenügsam: Alles, was hier produziert wurde, wurde auch lokal verbraucht. Das heißt, diese kleinen und abgeschotteten Märkte waren komplex angelegt: In ihnen mußten ausnahmslos alle Güter, Produkte und Dienstleistungen hergestellt oder erbracht werden, die lokal nachgefragt wurden. Diese Produkte oder Dienstleistungen konnten andererseits nicht über Importe bereitgestellt werden, weil dies wiederum den Export anderer Waren zur Voraussetzung gehabt hätte, der die wirtschaftliche Autarkie auf Dauer unterminieren mußte.

Daß sich diese marginalisierten politischen, sozialen und wirtschaftlichen Biotope so lange behaupten konnten, hatte im wesentlichen ebenfalls zwei Voraussetzungen: zum einen die ungeheuerlichen Erschöpfungen durch den Dreißigjährigen Krieg, die zu kompensieren es mehr als hundert Jahre brauchte. Zum anderen konnte das städtische Sondertum wegen seiner wirtschaftlichen Selbstgenügsamkeit bis in die napoleonische Zeit die Fiskalgier der Landesherrn erfolgreich unterlaufen, die ihren Erfindungsreichtum hinsichtlich Zöllen und Abgaben nur bei Waren bewiesen, die über die Landesgrenzen gehandelt wurden. Zu diesen Warenströmen hatten diese Biotope nichts beizutragen, während der Landesherr zu schwach war, die Städte seinem Verwaltungs- und Steuerregime zu unterwerfen.[29] Auch in dieser Hinsicht war die kleinteilige politische Zersplitterung des Reichs für das Sondertum der Städte entschieden von Vorteil. Die Idylle, die sie vorstellten, war daher weniger Ziel, als vielmehr Voraussetzung ihrer Existenz. Das aber bedeutete einen großen, einen entscheidenden Unterschied für die sozialen Bedingungen, die in ihnen herrschten und die von den spezifisch kleinstädtischen Werthaltungen und Mentalitäten sowie den städtischen Gesetzen und Rechtsbräuchen reflektiert wurden.

Die beiden wichtigsten, geradezu selbstverständlichen und deshalb für das städtische Sondertum allgemeingültigen Grundgesetze betrafen folglich die schiere Größe dieser Biotope und ihre Stabilität, die sich als Trägheit, wenn nicht gar als gewollte Stagnation erwies. Das städtische Sondertum war nur denkbar, solange die Population nicht eine Größe überschritt, welche eine soziale und politische Kontrolle unmöglich machte, die durch die jeweils persönliche Vertrautheit mit den Lebensumständen, der Biographie oder auch den wirtschaftlichen und sonstigen Interessen des anderen ausgeübt werden konnte. Die in ihren realen Dimensionen gewiß unterschiedliche Größe, die im Mittel eine zehntausend Köpfe betragende Einwohnerschaft nicht überstiegen haben dürfte, mußte unter allen Umständen gewahrt bleiben. Dafür sorgten sehr restriktiv gehandhabte Einbürgerungen, Heiratsgesetze wie überhaupt die sozialen Kontrollmechanismen der Zunftordnungen.

Das andere Grundgesetz, die Stabilität, war damit eng verschwistert. Das städtische Sondertum perhorreszierte jegliche Form von Mobilität – von Waren wie Personen. Die Fluktuation von Personen war ein Merkmal des platten Landes wie der großen Stadt. Beide konnten saisonal oder konjunkturbedingt Personen absorbieren, die, wenn die Nachfrage rückläufig war, wieder freigesetzt wurden. Außerdem kann als Regel gelten: Wer in ein kleinstädtisches Biotop geboren wurde, hatte die ausgeprägte Tendenz, in ebendiesem sein ganzes Leben sich aufzuhalten und im ererbten Gewerbe sein Auskommen zu finden, ein Umstand, dessen Auswirkungen auf die soziale wie mentale Kohärenz des hier herrschenden Milieus nicht hoch genug veranschlagt werden kann.

Die Administration des städtischen Sondertums verwehrte einerseits der staatlichen Aufsicht jede Form der Einmischung in ihre inneren Belange. Andererseits war sie dadurch charakterisiert, daß sie nicht, und dies im deutlichen Unterschied zu den Reichsstädten, in den Händen eines Patriziats lag, das sich von den übrigen Bürgern der Stadt durch eine Reihe exklusiver Distinktionsmerkmale unterschied. Üblicherweise lag die Verwaltung der Stadtangelegenheiten in den Händen eines »inneren Rats«, dessen *primus inter pares* der Bürgermeister war, der dieses Amt meist auf Lebenszeit innehatte. Seine Ernennung erfolgte auf Grund des gültigen »Stadtrechts«, das entweder nach Anciennität entschied, oder es ging ein Wahlakt voraus. Im übrigen war der Posten eines Bürgermeisters auch nicht »umkämpft«. Seine Neubesetzung reflektierte also keineswegs eine Auseinandersetzung zwischen unterschiedlichen Fraktionen oder Interessen in der Stadt. Dem entsprach, daß der »innere Rat«, der Magistrat, sich in aller Regel aus einem »äußeren Rat«, dem Gemeinderat, rekrutierte, dessen Mitgliedschaft prinzipiell allen Stadtbürgern offenstand, der also das eigentliche Vertretungsorgan der Stadtbürgerschaft war und als solches die Arbeit des Magistrats kontrollierte.

Diese Darstellung des charakteristischen Regiments unterschlägt jedoch völlig dessen Besonderheit: Alle Beteiligten kannten sich zu gut, wußten um Absichten und Interessen genau Bescheid, so daß jede Form von Kontrolle der »Exekutive« durch die »Legislative« überflüssig war. Was gewünscht und beabsichtigt wurde, was den Nutz und Frommen des Gemeinwesens mehrte, war allen Beteiligten selbstverständlich bekannt. Kein Bürgermeister und kein »innerer Rat« hätte es gewagt, gegen den *common sense* zu verstoßen. Außerdem änderten sich die Fragen und Probleme, auf die es Antworten zu finden galt, wegen der typischen Stagnation so gut wie nie. Wichtig für das reibungslose Funktionieren dieses Systems waren die Zünfte, die einerseits wirtschaftliche, soziale und politische Geltungsansprüche formulierten und die andererseits die Auskünfte – von Entscheidungen konnte kaum die Rede sein – des Stadtregiments kommunizierten, dessen Personal sich im übrigen aus dem Kreis der Zunftmeister rekrutierte, die gleichzeitig auch Bürger waren. Dies erhellt, daß die Zünfte den wichtigsten Organismus darstellten, der das Wesen des städtischen Sondertums in sozialer, wirtschaftlicher und politischer Hinsicht prägte. Sie vor allem wachten darüber, daß die Grundgesetze des Biotops wie auch die Werthaltungen seines Milieus strikt gewahrt wurden.[30]

Wie weit diese Kontrolle im einzelnen gehen konnte, zeigt das Beispiel des Blechschmieds Flegel, eines Bürgers von Hildesheim. Flegel wollte die Tochter eines Mitbürgers namens Helmsen heiraten. Diese Absicht zeigte er der Schmiedezunft an, die ihm aber die Genehmigung mit der Begründung verweigerte, daß der Vater der Braut außerehelich geboren und erst nachträglich legitimiert worden sei. Diese Entscheidung entsprach den Zunftbestimmungen, die von Flegel bei seinem Eintritt akzeptiert worden waren und die vorschrieben, daß sowohl für den Meister wie für seine Frau der Nachweis erbracht werden mußte, daß sie vier Großeltern hatten, deren guter Ruf außer Frage stand. Die abschlägige Auskunft reflektiert nun nicht die besondere, moralisch motivierte Engherzigkeit der Hildesheimer Schmiedezunft, sondern ist charakteristisch für das Zunftwesen insgesamt, denn die Kinder eines Zunftmeisters hatten Anspruch auf Aufnahme in die entsprechende Zunft wie auf deren Unterstützung. Mit anderen Worten, die Gilde der Hildesheimer Schmiede würde, wenn sie Flegels Ansinnen stattgegeben hätte, gegen den Geist und die Moral des Milieus und dessen Werthaltungen verstoßen haben, weil sie sich bereit erklärt hätte, die Enkel eines Bankerts zu fördern. Das aber verbot sich von selbst. Damit war der Fall aber noch längst nicht erledigt, denn Flegel, der seine Heiratsabsicht 1742 angezeigt hatte, berief sich auf das Reichsgesetz von 1731 gegen Zunftmißbräuche, mit dem u. a. verfügt wurde, daß eine von der Obrigkeit anerkannte Legitimation auch für die Zünfte gültig sei. Gestützt auf diese Bestimmung wandte sich Flegel an den Hildesheimer Stadtrat, der die Dinge einfach auf die lange Bank schob. Keineswegs überraschend, denn die Mitglieder dieses Gremiums waren identisch mit den Repräsentanten der Zünfte. Dies wiederum wollte Flegel nicht akzeptieren, der jetzt ohne Genehmigung an einem Ort außerhalb Hildesheims heiratete. Als die Zunft davon erfuhr, führte dies zu einem Sturm: Niemals zuvor habe es ein Meister gewagt, derart eklatant gegen die Heiratsbestimmungen zu verstoßen. Flegels Schritt sei geeignet, dem Ansehen der Zunft und damit dem Ruf aller Bürger von Hildesheim schweren Schaden zuzufügen. Um dies abzuwenden, wurde Flegel nicht nur aus der Zunft ausgeschlossen, sondern es wurden gegen ihn auch eine ganze Reihe von wirtschaftlichen Sanktionen verhängt, die nicht zuletzt seine gesellschaftliche Ächtung einschlossen. Flegel ließ aber nicht locker und bestürmte wiederholt den Stadtrat, die Bestimmungen des Reichsgesetzes für seinen Fall endlich anzuerkennen. Als er so nicht weiterkam, wandte er sich mit seiner Klage an den Landesherrn, den Bischof von Hildesheim, demgegenüber er sich beschwerte, daß die Zünfte das kaiserliche Recht beugten, zumal sie die städtische Obrigkeit stellten und damit auch die oberste richterliche Gewalt der Stadt innehätten: Sie seien befangen, wenn sie in eigener Sache gegen ihn entschieden. Diese Beschwerde beantwortete der Bischof damit, daß er und sein Rat, und nicht die Stadtverwaltung, *die* Obrigkeit seien; gleichzeitig wies er den Stadtrat an, in der anhängigen Sache endlich eine formale Entscheidung zu treffen. Der wurde damit in große Verlegenheit gestürzt, denn Landesherr und Zünfte übten gleichermaßen, wenn auch entgegengesetzten Druck auf ihn aus.

Diesem Kreuzfeuer suchte sich der Stadtrat dadurch zu entziehen, daß er die Universität Halle um ein Rechtsgutachten bat, eine in derartigen Fällen durchaus übliche Prozedur. Dieses Gutachten urteilte für Flegel und gegen die Zünfte, und der Stadtrat veröffentlichte es auch. Dagegen wandte nun die Hildesheimer Schmiedezunft ein, daß die Professoren von Halle nicht in dem Recht und den Gewohnheiten bewandert seien, die in Hildesheim seit unvordenklichen Zeiten gälten und beriefen sich damit auf den Grundsatz: Stadtrecht bricht Land- oder kodifiziertes Recht. Damit war Flegel erneut an der Intransigenz der Zunft gescheitert, gab aber gleichwohl nicht auf, denn 1747 stellte er beim Stadtrat den förmlichen Antrag, die Entscheidung der Universität Halle anzuerkennen und durchzusetzen. Daraufhin wurde der Inhalt des Gutachtens zwar veröffentlicht, aber nichts geschah, um ihm Geltung zu verschaffen. Dann appellierte der Stadtrat an alle Beteiligten, ihren »guten Willen« zu zeigen, aber auch das hatte keinerlei Folgen. Schließlich erließ der Landesherr ein Ultimatum, daß binnen zwei Wochen die Bestimmungen des Gutachtens der Universität Halle implementiert sein müßten. Aus Angst vor einer bewaffneten Intervention des Bischofs berief nun der Magistrat eine Versammlung der Schmiedezunft ein, allein zu dieser erschien kein einziger Zunftmeister. Da das die Gefahr einer Intervention seitens des Bischofs nur erhöhen konnte, wies der Stadtrat die Schmiedezunft an, Flegel wiederaufzunehmen und seine Eheschließung anzuerkennen, da sonst zu befürchten stünde, daß der Landesherr alle Privilegien und Sonderrechte, deren sich Hildesheim erfreute, aufheben würde. Dieses Ansinnen quittierten die Offiziellen der Zunft mit ihrem geschlossenen Rücktritt.[31]

Nach jahrelang sich hinziehenden Auseinandersetzungen gelang es Flegel zwar, sich auf der ganzen Linie durchzusetzen – doch er dürfte sich dieses hart erkämpften Erfolgs kaum erfreut haben, denn das Milieu, gegen dessen

Grundsätze und Werthaltungen er aufbegehrt hatte, wird ihn seine Verachtung nach Kräften haben spüren lassen. Im übrigen scheint ein solcher Ausgang auch die Ausnahme gewesen zu sein, während die hartnäckige Abwehr, die Flegel entgegengebracht wurde, für das von den Zünften beherrschte Biotop des städtischen Sondertums als Regel gelten darf. Weniger erfolgreich mit ihren Heiratswünschen als Flegel waren zuvor jedenfalls ein Meisterschuhmacher, der die Tochter eines Pfeifers ehelichen wollte, ein Schneider, dessen Mutter eine Amme gewesen war, und ein Schmied, der die Tochter eines Müllers zur Frau nehmen wollte.[32]

Diese Beispiele zeigen, wie komplex und nach heutigem Verständnis völlig verquer die strengen moralischen Standards waren, die von den Zünften eingefordert wurden. Dazu gehörte nicht nur, wie im Fall Flegel, der Nachweis der legitimen Abstammung für wenigstens drei Generationen in Folge, der die *Ehrbarkeit* oder *Redlichkeit* des Petenten gewährleisten sollte. Damit waren häusliche, bürgerliche und geschäftliche Zuverlässigkeit und Ordnung gemeint, von denen man annahm, daß sie durch illegitime Geburt – ein Resultat von Unverantwortlichkeit, wenn nicht gar manifester Promiskuität – gewissermaßen erblich in Frage gestellt werde. Diese Vorstellungen waren eng verknüpft mit den sozialen Werten des Milieus, das jeglicher Mobilität, allen Ortsfremden, reisenden Kaufleuten, Gauklern, Schauspielern, Wunderärzten und Hausierern aufs schärfste mißtraute, weil man ihnen unterstellte, daß sie die eheliche Untreue förderten oder sexuelles Abenteuertum im Schilde führten, mit der gefürchteten Folge, die lebensnotwendige Stagnation zu destabilisieren. Allein diese Furcht macht deutlich, daß moralische Gründe häufig ein ebenso bequemer wie schwer zu entkräftender Vorwand gewesen sein dürften, Elemente fernzuhalten, die aus wirtschaftlichen Gründen oder aus sonstigen Milieurücksichten unerwünscht waren. Deshalb blieb in den Augen der Zünfte der Makel einer unehelichen Geburt über Generationen hin unauslöschlich. Dementsprechend galten zahlreiche Berufe als »unehrenhaft«, ja diese drückten noch den Nachkommen ein Kainsmal auf, weswegen ihnen die Aufnahme oder die Einheirat in eine Zunft versagt werden konnte. Die Liste dieser »unehrenhaften« Berufe entsprach keineswegs allgemeingültigen Vorstellungen von »Ehrbarkeit« und Moral, sondern lediglich den je besonderen Anforderungen der einzelnen Zünfte, die sich an »Sittenreinheit« und Zunftstolz gegenseitig zu überbieten suchten. Diese moralbewehrten Barrieren fanden ihre schikanöse Entsprechung in einer ganzen Reihe von Bestimmungen unverhüllt wirtschaftlicher Natur. Diese galten der Abwehr von *Pfuschern, Reingeschmeckten* oder *Böhnhasen*, die Artikel herstellten oder innerhalb der *Bannmeile*, für die von den Zünften das Monopol beansprucht wurde, zu vertreiben suchten, ohne daß sie in einer Zunft *einsässig* waren. Das galt neben den Hausierern auch für die *Freimeister*, die von den Behörden des Landesherrn zur Ausübung eines Gewerbes lizenziert waren, aber keine Zunftmitgliedschaft benötigten. Auch *Land-* oder *Dorfmeister* traf diese Abwehr, sobald sie versuchten, ihre Erzeugnisse innerhalb der Bannmeile zu veräußern.

Kaum weniger komplex war das innere Regiment der Zünfte ausgelegt. Beispielsweise waren die formalen Anforderungen, denen ein »Meisterstück« genügen mußte – Voraussetzung dafür, als Meister anerkannt zu werden –, sehr hoch. Auch mußte jeder, der sich um den Meistertitel bewarb, nachweisen, daß er die Mittel besaß, sein Gewerbe zu finanzieren, seinen Pflichten als Bürger nachzukommen und eine Familie zu ernähren. Bisweilen hatte er sich sogar zu verpflichten, ein Haus zu kaufen, in dem er seinem Handwerk nachgehen und auch seine Familie unterbringen konnte. Damit bot sich eine Fülle von Möglichkeiten, einen Kandidaten, dem sich kein »moralischer« Makel nachsagen ließ, hinzuhalten oder gar abzuweisen, ohne daß man dafür wirklich stichhaltige Gründe angeben mußte. Die Zünfte wachten auch darüber, daß das Gleichgewicht zwischen den einzelnen Gewerben erhalten blieb: Jeder Zünftler hatte sein angemessenes Auskommen, und keiner lief Gefahr, in wirtschaftlichen Ruin zu geraten. Kurz, es war ein nahezu perfektes System, die sozialen und wirtschaftlichen Parameter zu kontrollieren und ständig neu anzupassen.

Indem die Zünfte wirtschaftliches Wachstum und Mobilität nach besten Kräften verhinderten, garantierten sie das soziale und politische Leben in den Landstädten, das diesen Biotopen einen immer »ungleichzeitigeren« Charakter verschaffte. Deren Wesen erfüllte sich in dem den Bürgern eigentümlichen Begriff von »Eigentum«, der sich in einer sozialen und politischen Identität materialisierte, der durch derartige ökonomischen Regulative gewährleistet wurde. Das verdeutlicht, daß dieses »Eigentum« nicht aufgespalten werden konnte in den privaten Besitz an Kapital oder Wirtschaftskraft einerseits und in den Besitz von Bürgerrechten andererseits. Solange die Zünfte das Stadtbürgerrecht kontrollierten, fielen beide Besitzstände im »Eigentum« zusammen. In der Praxis bedeutete dies eine soziale Kontrolle, die keinen Unterschied zwischen privat und öffentlich duldete, zumal man nichts voreinander zu verbergen hatte. Gleichzeitig bot die Stabilität, die in dieser Transparenz ihre solide Basis hatte, die Gewähr dafür, daß soziale Ängste externalisiert werden konnten, indem man sie auf all jene projizierte, die nicht dazugehörten: die Fremden, die Außenseiter, kurz, auf diejenigen, die von der eigenen Norm abwichen.

Der fürstliche Absolutismus hat das städtische Sondertum einfach deshalb respektiert, weil er es lange Zeit nicht wahrnahm. Das änderte sich erst, als Napoleon auf der Szene erschien und der gemütlichen »Ungleichzeitigkeit« des Heiligen Römischen Reichs ein jähes Ende bereitete. Das zerstörte auch das Gleichgewicht der Mächte im Innern des Reichs, das diesem seine erstaunliche Elastizität verschafft hatte. Damit schien dem städtischen Sondertum die Stunde zu schlagen.

Die grundstürzenden Veränderungen durch die napoleonischen Eroberungskriege liefen in zwei Phasen ab. Die erste Phase bedeutete eine Flurbereinigung, die durch die linksrheinischen Annexionen Frankreichs rechtsrheinisch in Gang kam: Als Kompensation für die Abtretung ihrer linksrheinischen Gebiete an Frankreich sollten die davon geschädigten Landesherrn sich rechtsrheinisch schadlos halten dürfen. Das war das Prinzip des Reichsdeputationshauptschlusses von 1803[33], dem jene Milchstraße kleinerer Herrschaften zum Opfer fiel, die dem Reich das buntscheckige Aussehen verschafft hatten und nun im weiten Magen der deutschen Mittelstaaten verschwand, die damit eigentlich erst in Erscheinung traten. Dieses Schicksal war mit der Säkularisation von 1806 auch dem in den Territorien der katholischen Reichsstände noch zahlreich vorhandenem Kirchenbesitz beschieden.

In dem Maße jedoch, wie die deutschen Mittelstaaten Gestalt annahmen, wuchsen ihre Schwierigkeiten, die Gewinne zu verdauen und der Landeshoheit in den erweiterten Territorien Geltung zu verschaffen. Angesichts dessen wußte sich der absolutistische Kameralismus keinen anderen Rat, als seine alte Praxis fortzusetzen: Im Gegenzug zur Anerkennung der landesherrlichen Souveränität nach außen respektierte er die gewachsene Buntheit der sozialen und rechtlichen Verhältnisse im Innern. Das führte zu einer Verschärfung der herrschenden Konfusion, zu neuen Eifersüchteleien und Konflikten zwischen den einzelnen Staaten, zumal sich das städtische Sondertum auf seine »uralten« Rechte, Privilegien und lokalen Gewohnheiten berief. Diese Verworrenheit sollte in der zweiten Phase der französischen Expansion im Reich mit einem Federstrich beseitigt werden. In Bündnisverträgen, die Napoleon mit einzelnen deutschen Staaten im Sommer und Herbst 1805 schloß, wurden umfassende Verwaltungsreformen mit dem Ziel strikter Zentralisation nach französischem Vorbild durchgesetzt. Stieß der Landesherr bei der Umsetzung auf Schwierigkeiten, wurde ihm volle Unterstützung zugesichert. Ein Versprechen, auf das man um so mehr zählen konnte, als die geforderten Verwaltungsreformen allein dem Ziel dienten, die eingegangenen Verpflichtungen pünktlich zu erfüllen.[34] Entsprechend bestimmte die Rheinbundakte, die mit Ausnahme Brandenburg-Preußens und Österreichs fast die gesamte deutsche Staatenwelt zu Satelliten Frankreichs machte, daß alle Reichsgesetze null und nichtig seien.[35]

Damit war den Landesherrn die Pistole auf die Brust gesetzt. Der Schlendrian des alten Kameralismus, der das »Eigentum« der Städte respektiert hatte, mußte schleunigst durch eine Verwaltung ersetzt werden, die in alle Lebensbereiche vordrang und diese nach einheitlichen Maßgaben gestaltete. Das galt besonders für die Steuergesetzgebung.[36] Voraussetzung dafür war eine umfassende Verwaltungsreform, wollte man nicht Gefahr laufen, daß französische Truppen die Territorien besetzten, verwalte-

ten und ausplünderten. Gleichzeitig erkannten die Staats-
administrationen, daß eine solche Reform auch im inner-
staatlichen Interesse geboten sei, um den Zusammenhalt
des Staatsgebiets zu festigen.

Beide Einsichten standen Pate bei der Einführung des
für jeden Staat einheitlichen »Municipalrechts«, durch
das die individuellen »Stadtrechte« ersetzt wurden. Diese
Kommunalverfassungen waren ausnahmslos nach französischem Vorbild angelegt: Der Bürgermeister wurde prak-
tisch zu einem Staatsbeamten, eingebunden in die Ver-
waltungshierarchie. Auch die städtische Gerichtsbarkeit
wurde entsprechend verstaatlicht, so daß städtische Verwaltung und kommunale Rechtsprechung, bislang sachlich
wie personell miteinander verbunden, nun getrennt wurden. Außerdem waren nur noch die Bestimmungen des
Landrechts gültig. Durch die Bresche, die derart in das
städtische Sondertum geschlagen wurde, geriet dessen Le-
bensnerv in tödliche Gefahr: das Bürgerrecht. Die Städte
hatten sich als soziale Biotope behaupten können, weil sie
nach komplizierten Prüfungen und undurchsichtigen Ka-
tegorien darüber entschieden, wer als Bürger zugelassen
wurde. Jetzt übte dieses Recht ein Staatsbeamter aus, der
nach Landesgesetz darüber entschied, wem das Bürgerrecht
zugestanden werden sollte. Die Kriterien waren ebenso einfach wie allgemein und orientierten sich an fiskalischen
Grundsätzen oder daran, daß ausnahmslos alle als Staatsbürger galten und einen Ort haben mußten, an dem sie
lebten. Die Gebühren, die Neubürger zu entrichten hatten, waren überdies eine wichtige staatliche Einnahme-
quelle, was zu wahren Einbürgerungswellen führte. Dank
dieser Anstrengungen zur Verstaatlichung des städtischen
Sondertums wurde schließlich dessen dritter Pfeiler zum
Einsturz gebracht: die wirtschaftliche Organisation, die

aufs engste mit der sozialen Ordnung verknüpft war. Jetzt entschied die staatliche Verwaltung, nicht mehr die Zünfte über die Zulassung zur Meisterschaft wie über die Anzahl von Gewerben an einem Ort. Wie bei den Bürgerrechten war auch hier die Tendenz ausgeprägt, möglichst viele zuzulassen, die vordem keinerlei Chancen hatten, innerhalb einer Stadt ein Gewerbe ausüben zu dürfen. Das entsprach einer staatlichen Wirtschaftspolitik, der an möglichst vielen produktiven Händen gelegen sein mußte.

Diese Reformen wurden jedoch nur halbherzig ausgeführt. Am weitesten vorangetrieben wurden sie in jenen Gebieten, die unmittelbar unter französischer Verwaltung standen wie im Königreich Westfalen und in den Rheinlanden. Hier wurden auch die Zünfte abgeschafft und eine uneingeschränkte Gewerbefreiheit eingeführt. Anderswo versuchte die staatliche Verwaltung mit unterschiedlichem Erfolg, die Zünfte lediglich zu entmachten und als Instrumente ihrer Reform zu nutzen, deren Scheitern sofort deutlich wurde, als die Tage Napoleons nach dem Desaster des Rußlandfeldzugs von 1812 abliefen. Zugleich wurde offenbar, daß die Verwaltungen sich am zähen Widerstand des städtischen Sondertums buchstäblich verkämpft hatten und am Ende ihrer reformerischen Kraft angelangt waren. Um so mehr waren sie deshalb geneigt, den Rückzug anzutreten, mit der Folge, daß nach der napoleonischen Ära das städtische Sondertum auch in jenen Gebieten wieder triumphierte, in denen zuvor besonders kompromißlos reformiert worden war.

Damals schien es das soziale Milieu dieser Biotope zu sein, das am ehesten den Lockungen wie den Drohungen des revolutionären Frankreich widerstanden hatte, während die Staaten und deren gekrönte Häupter ihm ausnahmslos zu Füßen gelegen hatten. Das städtische Sondertum, so lautete der naheliegende Schluß, war der Hort des wahren, des eigentlichen deutschen Wesens. Das wurde eine der grundlegenden Annahmen, auf der sich die Geistesmode der »Historischen Schule« aufbaute, die für lange das juristische, philologische und wirtschaftliche Denken in Deutschland beherrschte. Die für das städtische Sondertum typischen Werthaltungen avancierten jetzt zur Ideologie, die das deutsche Wesen mit dessen sozialen Aspirationen identifizierte. Das war vor allem eine Leistung der einflußreichen »Historischen Rechtsschule«, die Friedrich Karl von Savigny gründete und die mit juristischer Systematik diese Ideologie derart untermauerte, daß darüber ihr wissenssoziologischer Charakter weitgehend verschwand. Das verdankt sich insbesondere dem *opus magnum* Karl Friedrich Eichhorns, eines Schülers von Savigny, der zwischen 1808 und 1823 seine monumentale *Deutsche Staats- und Rechtsgeschichte* veröffentlichte. [37]

Eichhorns Unternehmen war der Versuch, eine plausible Schlußfolgerung aus dem Scheitern der durch die napoleonische Usurpation erzwungenen Reform zu ziehen. Ausgangspunkt war, daß sich Deutschland nur im Einklang mit seiner *Natur*, d. h. nur in genauer Kenntnis und unter Berücksichtigung seines historischen Werdens, wirklich verstehen und damit auch regieren lasse. Zweitens, daß Deutschland als geschichtliche Einheit nicht verwechselt werden dürfe mit platter Uniformität, auf welche die Verstaatlichung aller Lebensbereiche nach dem Vorbild Frankreichs abgestellt habe. Gerade eine systematische Erforschung der Geschichte könne den Nachweis liefern, daß historische Einheit sich sehr wohl mit tatsächlich ermittelbarer Vielfalt vertrage. [38]

Das romantische Denken, für das Eichhorns *Deutsche Staats- und Rechtsgeschichte* nur ein, wenngleich monumentales Exempel ist, aber auch die praktische Not der Staaten, die sich ohne französische Schutzmacht behaupten mußten, führten zu einer Restauration des städtischen Sondertums, die dessen historische Charakteristik womöglich noch übertrieb: Die Kommunen erhielten von den Landesverfassungen, die in aller Eile verabschiedet wurden, um den zusammengeflickten Staaten einen gewissen inneren Halt zu geben, die förmliche Anerkennung als politische und soziale Entitäten, die die uneingeschränkte Ratifikation aller Merkmale ihrer Besonderheit mit einschloß.[39] Damit war das städtische Sondertum durch das Verfassungsrecht der Mitgliedsstaaten des Deutschen Bundes garantiert – der war vom Wiener Kongreß zum Rechtsnachfolger des 1806 untergegangenen Heiligen Römischen Reichs Deutscher Nation bestimmt worden –, während es vordem allein durch den Mechanismus von *checks and balances* gewährleistet worden war, der das Reich im großen wie im kleinen charakterisiert hatte. Diese staatliche Verfassungsgarantie des städtischen Sondertums hatte aber einen gravierenden Nachteil: Ihre Schutzfunktion würde nur so lange andauern, wie die Staaten sich schwach fühlten. Änderte sich das, dann lieferte dieselbe Garantie der Verwaltung einen Vorwand, sich erneut mit Reformen in die inneren Verhältnisse der Städte einzumischen. Damit war zumal dann zu rechnen, wenn Probleme auftauchten, deren Lösung durch die Respektierung dieser Biotope verhindert wurde. Eine solche Entwicklung begann sich in den 1830er Jahren immer deutlicher abzuzeichnen, als das Gespenst des Pauperismus umging.

Der Konflikt war bereits in der widersprüchlichen Politik des biedermeierlichen Obrigkeitsstaats angelegt: Einerseits war diese darauf aus, die wirtschaftliche Entwicklung in den Staaten zu dynamisieren, indem man sie von den zünftigen Einschränkungen befreite. Andererseits war die Obrigkeit bestrebt, mit Rücksicht auf die innere Schwäche der Gesellschaften das städtische Sondertum mit seinen sozialen und politischen Implikationen nicht nur zu erhalten, sondern dessen Bestand auch gegen alle Folgen sozialer Veränderungen, letztlich auch gegen die Herausforderungen der industriellen Revolution zu verteidigen. Diese in sich höchst widersprüchliche Zielsetzung biedermeierlicher Politik wurde nach der Hälfte der 1840er Jahre spürbar, auch wenn das Konfliktpotential schon früher erkennbar war. Der Grund für diese bemerkenswerte Verzögerung lag darin, daß bis in die 1840er Jahre die industrielle Entwicklung sich jenseits der lokal begrenzten wirtschaftlichen Interessensphären des städtischen Sondertums derart entfaltete, daß von ihr zwar neue Wirtschaftsräume erschlossen, aber bereits bestehende nicht zerstört wurden. Das erklärt, daß Kritik und Widerstand des städtischen Sondertums gegen die Fabrikwirtschaft zunächst einen ausgeprägt moralischen Charakter hatten. Sie entzündeten sich daran, daß die Fabrikarbeit wesentlich anders organisiert war und deshalb Arbeitskräfte anlockte, welche sich in jeder Hinsicht von jenen unterschieden, die von der zünftig reglementierten und hermetisch abgeschlossenen lokalen Wirtschaft absorbiert wurden. Für das Wachstum der Industriewirtschaft waren aber jene Elemente unverzichtbar, die der zünftigen Wirtschaft als der wahre Gottseibeiuns galten: die Armee der Pauperisierten. Aus der Sicht des städtischen Sondertums waren deshalb mit dem Fabrikwesen die beiden Gefahren für den eigenen Bestand, Armut und soziale Unverantwortlichkeit, aufs engste verschwistert.[40]

Solange die Fabriken weit jenseits der Mauern und Tore der Kleinstädte entstanden, blieben die Gefahren an einen fernen Horizont verbannt. Das änderte sich erst in dem Maße, wie die Überschüsse des generativen Bevölkerungswachstums, durch die Bauernbefreiung noch vergrößert, in die Kleinstädte drängten, die sich dieses Ansturms mit weiteren Straffungen ihres repressiven Regiments zu erwehren suchten.[41] Das wichtigste Mittel dazu war das biedermeierliche »Heimatrecht«, das an die Stelle des älteren Bürgerrechts trat. Das Heimatrecht sollte dem städtischen Sondertum einen umfassenden Schutz vor den mannigfachen sozialen und wirtschaftlichen Einschnitten bieten, mit denen das Phänomen des Pauperismus das *Eigentum* bedrohte.[42] Den Kern aller heimatrechtlichen Regelungen bildete die Armenfürsorge. Ironischerweise war es aber der Erfolg der Heimatrechtsbewegung – der es dem städtischen Sondertum erlaubte, all jene, die es als unmoralisch, inkompetent, heimatlos, promiskuitär stigmatisierte, vor seine Mauern zu verbannen –, der das Problem, das man sich damit vom Halse zu schaffen suchte, derart aufstaute, daß es eines Tages alle Dämme niederriß und mit seiner Flutwelle die Biotope der engherzigen Innerlichkeit überschwemmte und zerstörte. Die Widersprüchlichkeit der biedermeierlichen Entwicklung kam in der Revolution von 1848 mit einemmal zum Vorschein. Und es war deren Scheitern, was dem städtischen Sondertum noch einmal eine allerletzte Frist verschaffte.

Paradoxerweise waren es viele Gruppen, die den Ausbruch der 48er Revolution begrüßten, wobei jede höchst unterschiedliche Vorstellungen hinsichtlich ihrer Ziele und Ergebnisse damit verband. Auch das städtische Sondertum hatte seinen Anteil am Hochgefühl eines »Völkerfrühlings«, der sich im März 1848 ankündigte, zumal es sich seit langem schon als das *eigentliche*, als das *wahre* Volk verstand, das nun dazu berufen schien, sich als Nation politisch zu konstituieren und den Einzelstaaten, die ihm seit je das Leben schwermachten, den Garaus zu machen. Die Forderung nach umfassender Selbstverwaltung war das Panier, um das sich die Bürger scharten, um sich zum Sturm gegen eine Staatsbürokratie zu rüsten, die für geschichtsfremde Bevormundung und Unfreiheit stand. Um so erstaunlicher, daß ausgerechnet die Repräsentanten dieses Milieus unter den 712 Mitgliedern der Deutschen Nationalversammlung in der Frankfurter Paulskirche mit 24 Deputierten nur eine verschwindende Minderheit bildeten, während die Vertreter des »allgemeinen Standes« (Hegel), Angehörige der staatlichen Verwaltungen, Intellektuelle, Freiberufler und Kaufleute mit 612 Abgeordneten die überwältigende Mehrheit stellten.[43] Dieses Phänomen – es läßt sich schon bei den Wahlen der Deputierten des »Dritten Stands« zu den Versammlungen der französischen Generalstände im 16. und frühen 17. Jahrhundert beobachten, bei denen die königlichen Beamten, die eigene Interessen verfolgten, den Löwenanteil stellten[44] – war eine Konsequenz des mehrstufigen Wahlverfahrens, von dem weithin bekannte Persönlichkeiten zuungunsten solcher, die bestimmte Schichten oder Milieus repräsentierten, bevorzugt wurden.

Das fundamentale Mißverständnis zwischen den Vertretern des »allgemeinen Standes«, von denen die Themen in der Frankfurter Nationalversammlung festgesetzt wurden, und den Aspirationen des städtischen Sondertums wurde in den ersten drei Artikeln der »Grundrechte des Deutschen Volkes« sichtbar. Artikel 1 statuierte, daß jeder Deutsche im Besitz des allgemeinen deutschen Staatsbürgerrechtes sei. Daraus folgte Artikel 2: »Jeder Deutsche darf an jedem Ort eines deutschen Staates Aufenthalt nehmen, sich niederlassen, Grundeigentum erwerben, Kunst und Gewerbe treiben, das Gemeindebürgerrecht gewinnen – vorerst unter denselben Bedingungen, wie die Angehörigen des betreffenden Staates, bis ein Reichsgesetz die zwischen den Gesetzen der einzelnen Staaten noch obwaltenden Verschiedenheiten völlig ausgleicht.« Artikel 3 bestimmte schließlich: »Die Aufnahme in das Staatsbürgertum eines deutschen Staates darf keinem unbescholtenen Deutschen verweigert werden.«[45]

Die logisch miteinander verknüpfte Trias von Staatsbürgerrecht, völliger Freizügigkeit und Gewerbefreiheit bedeutete in ihren sozialen und wirtschaftlichen Konsequenzen das Aus des städtischen Sondertums. Daß den Städten in Artikel 9 die Selbstverwaltungsrechte in kommunalen Angelegenheiten zugesprochen wurden, mußte in diesem Zusammenhang wie Hohn wirken, denn die ersten drei Artikel verschafften all jenen »Mächten« ungehindert Zutritt, gegen die man immer neue und höhere Mauern errichtet hatte: der Masse der Pauperisierten und der wirtschaftlichen Konkurrenz.[46]

Die Städte wußten nun, daß jene zwei Säulen – die autonome Bestimmung des Bürgerrechts wie die autonome Regelung der jeweiligen Zunft- und Gewerbeordnungen – in höchster Gefahr waren. Daß die Städte diese Vernichtung ihrer »Ungleichzeitigkeit« – die von einer Versammlung des »Volkes«, das sie doch eigentlich repräsentierten, einfach dekretiert worden war – nicht hinnehmen, sondern sich mit Klauen und Zähnen zur Wehr setzen würden, war den Männern der Paulskirche wiederholt und deutlich gesagt worden. Der badische Jurist Karl Mittermaier hatte bereits am 4. Juli 1848, dem ersten Tag, an dem die Grundrechte in der Paulskirche debattiert wurden, drastisch gewarnt und gefordert: Das Staatsbürgerrecht müsse enger formuliert werden, damit es von den Städten akzeptiert

werde. »Wir haben Gemeinden in Baden, wo jeder Bürger
280 Gulden Bürgergenuß erhält. Totgeschlagen würden
wir, wenn wir nach Hause kämen, mit einem Gesetz, wo-
nach ein jeder Deutsche das Recht hätte, an einem solchen Genusse in jeder Gemeinde ohne weiteres teilzuneh-
men.«[47]

Der Versuch des »allgemeinen Standes«, der »politischen
Klasse« im damaligen Deutschland, mit einer sozialen und
wirtschaftlichen Gesetzgebungsreform eine gesellschaftliche Modernisierung einzuleiten, geriet zur erstrangigen
Ursache für das Scheitern der 48er Revolution. Dieses Un-
terfangen zerschellte an der eingelebten »Bequemlichkeit
der Unmündigkeit«[48], die dem Sondertum der Städte seine
Zähigkeit verlieh. Das Kleinbürgertum, das die Revolution
begeistert begrüßt hatte, ging nun von der Fahne und
wechselte in das Lager der verängstigten Souveräne, die
aus dieser Unterstützung neue Kraft zogen. Der Front-
wechsel des Kleinbürgertums wurde ihm, kaum daß die
48er Revolution endgültig geschlagen war, allenthalben
damit vergolten, daß die Staaten unisono das Sondertum
durch eine einschlägige Kommunalgesetzgebung so um-
fassend wie nie zuvor restaurierten: Es war dessen größter,
aber auch letzter Triumph.

Wilhelm Heinrich Riehl, der Soziologe des Post-Biedermeier, ratifizierte diesen Triumph im Glauben an dessen
Dauer in seiner 1853 erschienenen Schrift *Land und Leute*
mit einem Seitenhieb auf die weltfremden Repräsentanten
des »allgemeinen Stands«:

»Die Deutschen sind kein unpolitisches Volk; sie sind ein
entschieden und fast ausschließlich social-politisches. Der
alten Schule die bloß von den Verfassungsfragen einerseits, andererseits von der Conjecturalpolitik zehrt, will

das freilich nicht in den Kopf. [...] Man belausche aber das deutsche Volk bis zum bildungslosesten gemeinen Mann abwärts, und man wird finden, daß Kleinbürger, Bauern und Tagelöhner in den Fragen der materiellen Interessen, des Gewerbelebens, der Gesellschaftsgliederung durchschnittlich ein gesundes Urtheil, ja sogar einen vorweg festgeprägten Parteistandpunkt haben. Die Naturgeschichte des Volkes fassen sie mit instinktivem Verständniß vortrefflich auf. Social-politische Parteien gibt es im deutschen Volke, sehr entschiedene nach rechts und links, nicht künstlich eingeimpfte, sondern naturwüchsige. Das rein politische Parteiwesen ist dagegen noch niemals bei unserm gemeinen Mann angeschlagen, und wer sich nicht durch die merkwürdigen culturgeschichtlichen Winke in der neuesten Entwicklung unserer gesammten Wissenschaft, Kunst und Literatur von der Wahrheit des Satzes überzeugen lassen mag: daß der Deutsche ein geborener Social-Politiker sey, der kann sich in jeder Stadtschenke und Dorfkneipe darüber belehren lassen. Dort kannegießern die Leute bloß, sofern es sich um ein streng politisches Thema handelt, dagegen über die socialen Gebrechen, Bedürfnisse und Forderungen ihres Standes und Gewerbes, über die großen Tagesfragen der Arbeit, des Corporationswesens, der Gemeindeverfassung, der Familienzucht, der Sitte im öffentlichen Leben, über die naturgeschichtlichen Eigenthümlichkeiten der sie umgebenden Volksgruppen sprechen solche deutsche Naturalisten der Social-Politik nicht selten wie ein Buch, oder vielmehr gescheidter wie ein Buch.

Die Erfassung des Volkes als Kunstobjekt soll aber in dieser gegenwärtigen Zeit nicht bloß dem Künstler gewonnen seyn, sondern ebensowohl, ja noch in weit reicherem Maße, dem Staatsmann und dem politischen Schriftsteller.

Hat sich der Politiker in des Volkes Wesen nicht eingelebt, wie der Künstler in seinen Stoff, weiß er sich die Individualitäten des Volksthumes nicht als ächte Kunstobjekte plastisch abzurunden, dann wird er in aller seiner Staatsweisheit doch immer nur mit der Stange im Nebel herumschlagen. Die naturgeschichtliche Analyse des Volkslebens aber führt dazu, daß uns das Volk zuletzt in seiner plastischen Persönlichkeit recht wie ein harmonisches Kunstwerk erscheinen muß.«[49]

Mit der Restauration des Kommunalrechts erkauften sich die deutschen Klein- und Mittelstaaten erneut ihre Stabilität nach innen und ihre Souveränität nach außen. Es war nur noch eine Scheinblüte, die nach der Mitte der 1850er Jahre in dem Maße zu verwelken begann, wie die Staaten erkannten, daß die Dynamik der weiteren wirtschaftlichen Entwicklung, für die neben dem rasanten Aufschwung des Bank- und Kreditwesens vor allem der rasch fortschreitende Eisenbahnbau ein vorzüglicher Indikator war – 1866 hatte das Streckennetz bereits 14 787 Eisenbahnkilometer[50] – die Schaffung eines nationalen Marktes erzwangen. Diese Einsicht sprach dem Sondertum das Todesurteil aus, denn die Wirtschaft der Zukunft würde nicht mehr eine lokal gebundene, sondern eine national verbundene sein. Eine solche Perspektive verhieß die rücksichtslose Einebnung aller lokalen Restriktionen, welche die wirtschaftlichen und sozialen Voraussetzungen des städtischen Sondertums gewesen waren.

# Vollbild

Das städtische Sondertum verschwand so schnell und geräuschlos, daß es sofort und gründlich vergessen wurde. Es hatte sich schlicht überlebt. Darin stimmten alle Regierungen der deutschen Staaten stillschweigend überein. Das von den Landesverfassungen »verstaatlichte« Kommunalrecht konnte nun jeweils den sozioökonomischen Entwicklungen angepaßt werden. Die deutschen Staaten handelten dabei weitgehend im Konsens und aus der Überlegung heraus, zu vereiteln, daß sich der Nachbarstaat durch wirtschaftspolitische Liberalisierungen Vorteile verschaffte, um Handel und Gewerbe auf sein Territorium zu locken.

Ein erster Schritt der Staaten war, sich ab der Mitte der 1850er Jahre gegenüber allen Forderungen nach neuen Handels- und Gewerbegesetzen, die den lokal fixierten gewerblichen Mittelstand vor der national agierenden Industriewirtschaft schützen sollten, konsequent taub zu stellen. Zugleich bemühten sich die Staaten, die Industrie zu fördern, so daß sich ein doppeltes Wirtschaftssystem zu entwickeln begann: eines der schrankenlosen Gewerbefreiheit und eines, das noch immer von zünftlerischen Einschränkungen geknebelt wurde. Wie vorherzusehen, führte dies zu Reibungen, bei denen regelmäßig wirtschaftsliberale Grundsätze obsiegten. Die Gewerbefreiheit, die so während der 1860er Jahre in den nichtpreußischen Mitgliedstaaten des Deutschen Zollvereins durchgesetzt wurde, und das Wachstum der Industrie, das sich im Rhythmus der verkehrstechnischen Verdichtung des nationalen Binnenmarkts beschleunigte, setzten einen sozialen Wandel in Gang, der das städtische Sondertum *de facto* bereits beseitigte, ehe es im Zusammenhang mit der Reichsgründung von 1871 auch *de jure* abgeschafft wurde: Aus städtischen Bürgergemeinden wurden Einwohnergemeinden und aus Bürgern Einwohner, die im Besitz der Staatsbürgerschaft der jeweiligen Staaten waren. Zuvor mutierten die voneinander isolierten und vertikal organisierten sozialen Entitäten des städtischen Sondertums zu horizontalen, nach Klassen definierten Strukturen. Damit traten die »Kleinbürger« in Erscheinung, über die Friedrich Engels in seiner 1847 entstandenen Schrift *Der Status quo in Deutschland* voller Zorn schrieb: »Die Kleinbürgerschaft ist nächst den Bauern die miserabelste Klasse, die zu irgendeiner Zeit in die Geschichte hineingepfuscht hat.«[51]

Im Zuge seiner Klassenbildung adaptierte das Kleinbürgertum seine alten Werthaltungen als klassenspezifische Interessen, jetzt dadurch legitimiert, daß man sie als »naturwüchsig«, deutsch und kulturell deklarierte. Die einstigen Abwehrreflexe gegen Fremde und »Reingeschmeckte« richteten sich jetzt gegen Wettbewerb und Liberalismus. Ähnlich verhielt es sich mit der Betonung des Klassengegensatzes gegenüber dem Industrieproletariat, das der älteren, moralbewehrten Ablehnung sozial fragwürdiger Elemente entsprach. Dies gilt schließlich auch für das Schreckbild des Prinzips politischer Gleichheit, das seine Entsprechung in der alten Praxis des städtischen Bürgerrechts hatte. Zugleich definierte sich das Kleinbürgertum in seiner Selbstwahrnehmung als »Mittelstand« und leitete daraus den selbstbewußten Anspruch ab, das natürliche Zentrum der Gesellschaft zu sein, das in sich alle »gesunden« Anschauungen vereinige und deshalb die ideale Verkörperung sozialer Normalität vorstelle. Ein frühes Echo dieses Anspruchs findet sich ausgerechnet bei Otto von Bismarck, der sich in einer Rede vor der Zweiten Kammer des Preußischen Landtags am 18. Oktober 1849, als man sich auch in Preußen anschickte, die Gewerbefreiheit einzuschränken, zum Anwalt der Mittelstandsinteressen machte: »Die Fabriken bereichern den Einzelnen, erziehen uns aber die Masse von Proletariern, von schlecht genährten, durch die Unsicherheit ihrer Existenz dem Staate gefährlichen Arbeitern, während der Handwerkerstand den Kern des Mittelstandes bildet, eines Gliedes, dessen Bestehen für ein Staatsleben so nothwendig ist.«[52]

Die Umwandlung des Kleinbürgertums zum »Mittelstand« war ein Prozeß, der die Reichsgründung von 1871 noch überdauerte. Wesentlich rascher änderten sich die sozioökonomischen Voraussetzungen, die erst mit einiger Verzögerung wahrgenommen wurden. Wohl deshalb, weil diese Veränderungen nicht von allen Betroffenen gleichzeitig als Verlusterfahrungen wahrgenommen wurden.[53] Was die Einsicht vor allem verstellte, war, daß die Veränderungen – wie etwa die Einführung der Gewerbe- und Niederlassungsfreiheit in den Staaten des Deutschen Zollvereins, die mit Bayern als Schlußlicht 1869 abgeschlossen war – durch die in den 1850er und 1860er Jahren herrschende Hochkonjunkturphase in ihren Effekten stark abgemildert wurden. Das galt jedoch nicht für alle Gewerbe gleichermaßen. Profiteur der Hochkonjunktur, die von der fortschreitenden industriellen Expansion und dem raschen Bevölkerungswachstum vor allem in den Städten bedingt wurde, war besonders das Baugewerbe. Mittelbaren Nutzen hatten auch das mit der Nahrungsmittelproduktion befaßte Handwerk sowie Schneider, Schuster, Hutmacher, Friseure, Sattler, Uhrmacher und sogar Buchbinder oder jene Gewerbe, die von der Produktfertigung auf Reparatur umstellen konnten. Die großen Verlierer waren jene Handwerkszweige wie Nadelmacher, Nagler, Feilenhauer oder Schwertfeger, deren Erzeugnisse sich entweder in industrieller Massenfertigung wesentlich billiger herstellen ließen oder einfach nicht mehr nachgefragt wurden. Kutschen- und Wagenbauer verschwanden in dem Maße, wie das Eisenbahnnetz dichter wurde. Die allermeisten, die in diesen »sterbenden Gewerben« ihr Auskommen gefunden hatten, endeten jedoch nicht im Elend, sondern konnten sich als Facharbeitskräfte an die Industrie verdingen.

Unbeschadet seiner heterogenen Klassenlage behauptete der »Mittelstand« eine sehr homogene Mentalität, die kleinbürgerliche »Mittelstandsideologie«. Deren dem alten »Nahrungsideal« verhafteten wirtschaftlichen Aspekte hat Werner Sombart schlüssig dargestellt:

»Im neuen Deutschland sind die Klassen der vorkapitalistischen Zeit ganz und gar nicht verschwunden. Auch von der ›neuen Gesellschaft‹ bildet zunächst das Kleinbürgertum alten Schlages einen nicht zu unterschätzenden Bestandteil. Zu diesem werden wir rechnen müssen alles, was handwerkerhaften Charakters geblieben ist. Also alle jene Wirtschaftssubjekte, die auf der Grundlage der ›Nahrung‹ ihre Existenz aufbauen oder aufzubauen das Streben haben. Deren ganzes wirtschaftliches Denken und Wollen von der Vorstellung beherrscht wird: Die Organisation des Wirtschaftslebens müsse derart sein, daß mittlere Persönlichkeiten mit eigenem Sachvermögen auf der Grundlage eigenen technischen Könnens durch Erzeugung oder Austausch einer nach Menge und Art von jeher bestimmten Warenmenge ihr gutes Auskommen finden. Wobei denn die Frage nach der konkreten empirischen Gestaltung der

Wirtschaftsordnung im einzelnen verschieden beantwortet werden kann, nur daß wohl immer als gemeinsamer Zug die jenem Wirtschaftsideale entsprechenden Rechtssysteme den Grundgedanken der Bindung enthalten werden: Er wird sie von dem aus kapitalistischem Geiste geborenen Rechte, das auf der Idee der wirtschaftlichen Freiheit sich aufbaut, immer grundsätzlich unterscheiden.«[54]

Sombarts Ausführungen zeigen, daß das Wesen der kleinbürgerlichen »Mittelstandsideologie« zutiefst »ungleichzeitig« war, weil es eine nostalgische Verklärung längst überholter Zustände mit zeitgemäß-modernen Sehnsüchten verband. So bekannte sich das Kleinbürgertum zu der nach 1871 in Blüte stehenden politischen Religion des Nationalismus, stand aber gleichzeitig dem Konzept des Nationalstaats sehr reserviert gegenüber, da dieser zentralisierende Ansprüche geltend machte, die den kleinbürgerlichen, traditionell hochindividualisierten Vorstellungen diametral zuwiderliefen. Konkret: Der Nationalstaat forderte »Vergesellschaftung«, die Mittelstandsideologie träumte von »Vergemeinschaftung« und setzte *Volk* gegen *Nation*. Die zahlreichen Friktionen, die sich aus dieser Ungleichzeitigkeit seines sozialen und politischen Selbstbewußtseins ergaben, veranlaßten das Kleinbürgertum aber keineswegs zu einer Fundamentalopposition gegen den herrschenden »Zeitgeist«, zur Totalverweigerung und zum Rückzug in einen mentalen Schmollwinkel. Charakteristisch war vielmehr, daß die Ängste und Frustrationen, die aus diesen Reibungen entstanden, ihr Ventil in einer Fülle von Protest- und Antihaltungen antisemitischer, antietatistischer, kulturpessimistischer oder antiliberaler Prägung fanden, deren Affekte als Werte legitimiert wurden, die sie als kulturelle Hinterlassenschaft des städtischen Sondertums ausweisen. Die erstickende Enge dieser Vorstellungswelt wurde von der kleinbürgerlichen Selbsteinschätzung als »Wärme« der Gemeinschaft idealisiert, die gegen die angebliche »Kälte« einer anonymisierten, atomisierten modernen Gesellschaft ausgespielt wurde. Die kleinbürgerliche Ideologie wirkte aber nicht nur defensiv im Sinne einer nostalgischen Verklärung der Vergangenheit, einer Sehnsucht nach dem Lebensgefühl einer untergegangenen Epoche, sondern beanspruchte vielmehr aggressiv eine allgemeine, alle Klassen, Stände, Schichten und Lagen überwölbende und ordnende soziale und moralische Gestaltungsmacht: Schließlich, so sein Selbstbild, verkörpere der »Mittelstand« die »Normalmoral der Gesellschaft«, die sich in den Sekundärtugenden »Ehrlichkeit, Fleiß, Strebsamkeit, Sparsamkeit sowie politischer Zuverlässigkeit und Verantwortlichkeit« erfülle.[55] Der Anspruch auf umfassende gesellschaftliche Gestaltungsmacht wie das Sammelsurium seiner Werthaltungen machten das Kleinbürgertum vor allem für die konservativen Parteien interessant, die ihr programmatisches Profil mit der deutschen Nationalstaatsgründung von 1871 schärfen mußten oder überhaupt erst gegründet wurden. Im Münsteraner Programmentwurf der Zentrums-Partei von 1870 ist beispielsweise von einem »kernigen Mittelstand« die Rede, in dem »seit Anbeginn der deutschen Geschichte der eigentliche Schwerpunkt der Nation« liege.[56]

Ein weiterer Vorteil jenes Sammelsuriums war seine Attraktivität für die neuen, im Zusammenhang mit der industriellen Revolution und der nationalstaatlichen Einigung entstandenen »wurzellosen« Klassenlagen der Angestellten, kleinen Beamten sowie des jetzt auf Grund der steigenden Lebenserwartung und des Sozialversicherungswesens rasch wachsenden Heers der Pensionäre und Rentner, die in den kleinbürgerlichen Werthaltungen eine geistig-moralische Heimat für sich entdeckten. Diese mit fortschreitender Industrialisierung rasch wachsenden Schichten des »neuen Mittelstands« verschmolzen bald vollständig mit dem »alten Mittelstand« aus Handwerk und Kleinhandel. Darin ist eine Ursache für den zunehmenden Einfluß der kleinbürgerlichen Ideologie im Zweiten Kaiserreich zu sehen. Eine zweite läßt sich darin erkennen, daß diese Ideologie, von der die nackte Macht als ein Götze gleichermaßen gefürchtet wie verehrt wurde, sich opportunistisch dem Primat der adelig-militärischen Geltungsansprüche unterwarf. Heinrich Manns Roman *Der Untertan* liefert dafür in seinem Hauptprotagonisten Diederich Heßling eine Illustration, die gerade wegen ihrer satirischen Überzeichnung diesen Vorgang deutlich herausarbeitet. Am Betragen des Papierfabrikanten Heßling wird der Prozeß versinnbildlicht, durch den die älteren kleinbürgerlichen Werthaltungen zur Weltanschauung des modernen Mittelstands mutierten, der sich in einer ungemütlichen Mittellage befand: eingeklemmt vom Proletariat einerseits, das den sozialen Frieden und den kleinbürgerlichen Fetisch der »Normalität« bedrohte – in Heinrich Manns Roman verkörpert durch den Maschinenmeister Napoleon Fischer –, und andererseits bedrückt von den Ansprüchen des Nationalstaats preußischer Prägung, die der Funktionsadel repräsentierte, den Heinrich Mann in der Figur des Regierungspräsidenten von Wulckow schildert.

Der wachsende Einfluß der Mittelstandsideologie verdankte sich zum dritten dem Umstand, daß sie die sozialen Abstiegsängste und gleichermaßen die sozialen Aufstiegssehnsüchte einer ständig wachsenden Zahl von potentiellen Adressaten artikulierte, indem sie deren »Nahrungsinteressen« mit ihren Statuswünschen kombinierte. Mit dem Anspruch, daß der Mittelstand die gesellschaftliche »Normalmoral« repräsentiere und sein Wohlergehen deswegen für die ganze Gesellschaft von existentieller Bedeutung sei, ließ sich die Mittelstandsideologie erfolgreich gegen jeden Einspruch immunisieren. Wie erfolgreich, ist daran zu erkennen, daß dieser Anspruch heute eine bei allen politischen Parteien zum Mantra wirtschafts- und sozialpolitischer Weisheit gehärtete Formel darstellt, die eine tatsächliche oder vermeintliche Bedrohung der wirtschaftlichen Situation des Mittelstands sofort als Gefahr für die Stabilität der Gesellschaft erscheinen läßt.

Mit ihrem Erfolg differenzierten sich die von der Mittelstandsideologie propagierten Werthaltungen und Geltungsambitionen mehr und mehr in stärker ökonomisch-sozial eingefärbte wie andererseits in mehr kulturelle. Beiden gemeinsam blieb nicht nur ihre Wurzel, sondern auch eine ausgeprägt pessimistische Grundstimmung, die als Klammer ihr Auseinanderdriften verhinderte. Das vereitelte im übrigen auch das latente Krisengefühl der Schichten, die jene Ideologie trugen. Sobald diese Krisenangst in den Jahren vor Ausbruch des Ersten Weltkriegs endemisch und als fundamentale Bedrohung der mittelständischen Lebensillusionen erlebt und artikuliert wurde, kamen immer deutlicher Symptome einer Hysterie zum Vorschein. Schließlich trug der Umstand, daß die beiden Stränge der Mittelstandsideologie eine unterschiedliche gesellschaftliche Reichweite hatten, erheblich dazu bei, deren Bedeutung zu steigern. Während die ökonomisch-sozialen Prätentionen im wesentlichen auf das gesellschaftliche Segment des Handwerks, des Kleinhandels, der Angestellten und kleinen Beamten beschränkt blieben und von einigen Interessenverbänden artikuliert wurden, die auf das politische

System Einfluß zu nehmen suchten, diffundierten die kulturellen Werthaltungen und Sehnsüchte, die den zweiten Strang dieser Ideologie bildeten. Sie beeinflußten jene gesellschaftlichen Schichten, die weder proletarisch noch adelig, also im weitesten Sinne bürgerlich waren und die nicht, wie die schmale Schicht des großbürgerlichen Industriekapitals, begründete Hoffnungen hegen durften, in die Adelskreise vordringen zu können. Für diesen Prozeß, der das Bürgertum seiner liberalen Berufung abspenstig machte, da es seine auf das Konkret-Gesellschaftliche gerichtete Phantasie kappte, lieferte das Bismarckreich die institutionellen, politischen und sozialen Rahmenbedingungen: Es verweigerte diesen Schichten eine konstruktive Mitwirkung bei der Bewältigung ihrer Verlusterfahrungen.

Diese Verlusterfahrungen waren eine gravierende Nebenfolge des Modernisierungsschubs, der durch die beiden einander beschleunigenden Revolutionen, die industrielle wie die der deutschen Nationalstaatsbildung, freigesetzt worden war. Daß das Reich schon vor der Jahrhundertwende mehr Großstädte aufwies als alle westeuropäischen Staaten zusammen, zeigt deutlich, mit welcher zerstörerischen Energie jener Modernisierungsschub die biedermeierliche Idylle Deutschlands kaum eine Generation zuvor zertrümmert hatte. Die damit einhergehenden großen sozialen Verwerfungen brachen in jene »Kultur der Innerlichkeit« ein, die seit 1648 aufgeblüht war. Damit wurden alte, seit langem eingelebte Loyalitäten und Lebensgewißheiten so stark geschädigt, daß sie für allerhand Einflüsse anfällig wurden, die ihren Untergang beschleunigten. Ein Beispiel dafür liefert der preußische Konservatismus. Der mußte spätestens nach Bismarcks Abgang erkennen, daß sein altes politisches Credo, das sich aus unbedingter Treue zum lutherischen Bekenntnis, zur Monarchie und zum preußischen Patriotismus zusammensetzte, nicht mehr ausreichte, um im Zeichen des allgemeinen Männerstimmrechts bei den Reichstagswahlen genügend Wählerstimmen an sich zu binden. Der Ausweg wurde den Konservativen von der in den 1890er Jahren aufschäumenden Grundströmung eines zunächst noch unpolitischen Kulturpessimismus gewiesen: Nationalismus, Antisemitismus und Populismus gewannen als Artikel des konservativen politischen Glaubensbekenntnisses immer mehr an Gewicht, auch wenn sie zunächst die vorrangig funktionale Aufgabe hatten, die landwirtschaftlichen Interessen des krisengeschüttelten Junkertums hinter dem Paravent einer für die Massen attraktiven Ideologie zu verbergen und deren Durchsetzung zu erleichtern.

Sehr rasch aber befreiten sich diese Ideologien aus ihren funktionalen Fesseln und behaupteten eine autonome politische Programmatik, die nicht nur das Wesen des Konservatismus, sondern auch der liberalen Parteien entschieden veränderte: Der Konservatismus stellte jetzt nicht mehr das aus, was seiner Meinung nach zu bewahren war, sondern vielmehr das, was es durch gemeinsame Anstrengung wiederherzustellen gelte: die deutsche Vergangenheit in all ihrer Größe und Herrlichkeit. Konsequenterweise wurde von ihm zum weiteren das benannt, was vernichtet werden müsse, wollte man an dieses Ziel gelangen: die Moderne.

Der Kulturpessimismus, der sich bislang damit begnügt hatte, die verunsicherten Gemüter der bürgerlichen Zeitgenossen mit liebevoll ausgemalten »Bildern aus der deutschen Vergangenheit« zu beruhigen, gelangte so zu breiter politischer Wirksamkeit. Die Voraussetzung dafür war, daß sich mit ihm jene Ressentiments artikulieren ließen, die sich aufgestaut hatten. Diese waren bisher von den Parteien des Bismarckreichs, die sich wegen begrenzter Möglichkeiten der »Machtteilhabe« (Max Weber) im wesentlichen damit beschieden, die materiellen Interessen ihrer Klientel durchzusetzen, weitgehend ignoriert worden. Dadurch wurde das aggressive Giftpotential dieser Ressentiments erheblich gesteigert. Sobald sich die »Interessenparteien« und die mit ihnen eng verknüpften Wirtschaftsverbände im Zeichen der »Sammlungspolitik« nach den 1890er Jahren »modernisierten«, d.h. weltanschaulich kostümierten, strömte dieses Gift in den Kreislauf des politischen Systems ein.[57]

Die politische Wirksamkeit des Kulturpessimismus artikulierte sich in dem verbreiteten Empfinden, daß das Bismarckreich einen im wesentlichen noch unvollendeten Nationalstaat darstelle. Vor allem entbehre dieses Reich einer inneren Einheit, die sich in einer »Volksgemeinschaft« materialisiere, deren Gestaltungsprinzip die wahren Werte und Eigentümlichkeiten des deutschen Volkes sein müßten. Das entsprach exakt dem Credo der Mittelstandsideologie, die keinerlei Schwierigkeiten hatte, die traditionell als unerwünscht geltenden »Eindringlinge«, die als dem deutschen *Volkskörper* wesensfremd und feindlich gebrandmarkt wurden, mit Juden und Liberalen zu identifizieren. Beide wurden als Einflußagenten ausgemacht, die sich verschworen hätten, Deutschland zu zerstören. Die Mittel dazu seien keine anderen als die Moderne selbst mit allen ihren schrecklichen und von jedermann erlebten Nebenwirkungen. Paul de Lagarde, einer der einflußreichsten Künder dieses Kulturpessimismus, der den von ihm propagierten Antisemitismus bereits exterminatorisch zurüstete, indem er die Juden mit »Bazillen« und »Trichinen« verglich, die es so rasch und so gründlich wie irgend möglich zu vernichten gelte[58], meinte in der »Alliance Israélite« eine »jüdische Weltverschwörung« zu erkennen, deren Absicht es sei, die »jüdische Weltherrschaft« zu errichten.[59]

Der politisch-ideologisch aufgerüstete Kulturpessimismus behauptete sich während des Kaiserreichs als Leitmotiv, das den Kult der Unzufriedenheit immer stärker beeinflußte. Die Stunde des Triumphs begann, als das sammlungspolitische Machtkartell »reichstreuer Elemente« zerbrach, das Bismarck aus den konservativen Parteien und den »gezähmten« Nationalliberalen geschmiedet hatte und auf das er sich seit 1878 stützte. An seine Stelle trat nach 1890 die »wilhelminische Polykratie« eines »sekundären Machtsystems des Korporativismus« (Wehler), die Herrschaft der wirtschaftlichen Interessenverbände, denen integrationsideologische Massenorganisationen auf dem Fuß folgten.[60] Verbände, die antiliberale, protektionistische Interessen einzelner Branchen vertraten, waren zwar schon in den 1870er Jahren entstanden, die meisten jedoch nur regional organisiert, was ihre Einflußmöglichkeiten auf Bürokratie und Regierung stark minderte. Nach 1890 änderte sich dieses Bild grundlegend. Neben den günstigen Voraussetzungen, die das politische System bot, wirkten sich die wegen des fortgeschritteneren Stands der industriellen Entwicklung wesentlich spürbareren Konjunkturschwankungen sowie die damit einhergehenden und sich verschärfenden Grundsatzkontroversen sehr organisationsfördernd aus. Diesen Herausforderungen entsprach die wesentlich effizientere Struktur der jetzt sich formierenden neuen oder sich reformierenden alten Interessenverbände, die mit reger Propaganda die Öffentlichkeit in ihrem Sinne »aufzuklären« suchten, sich mit gezielten und direkten Interventionen in die Wahlen einmischten und im Lager der konservativen Parteien Bündnispartner gewannen. Außerdem verbanden sie sich mit den nationalistischen Agitationsverbänden, deren integrationsideologische Deutungsangebote weitere Gesellschaftskreise erreichten.[61]

Dieses sekundäre Machtsystem des Korporativismus, das von den großen Interessenverbänden der Landwirtschaft und der Industrie sowie von den teilweise zu klassenübergreifenden Massenorganisationen anwachsenden weltanschaulichen Agitationsverbänden geschaffen wurde, ließ aber genügend Raum für die Organisation mittelständischer Interessen. Gerade deren erfolgreiche Durchsetzung ist unterschätzt worden. Daß die Erfolge, die von den Mittelständlern für die soziale und wirtschaftliche Bestandssicherung errungen wurden, vergleichsweise bescheiden waren, mag eine Erklärung sein. Daran änderte auch nichts, daß die mittelständischen Interessen von zwei politischen Bündnispartnern vertreten wurden. Einmal war das die Zentrums-Partei, die dank ihrer großen Mandatsstabilität im Reichstag nach 1890 als »Mehrheitsbeschafferin« unverzichtbar war. Dieser Opportunismus des Zentrums, das keineswegs einen konfessionell-monolithischen Block darstellte, sondern vielmehr eine Agentur sehr differenzierter Interessen war, die im katholischen Milieu auf dem Land und in den Kleinstädten tief verwurzelt waren, erlaubte die ebenso geschmeidige wie unauffällige Vertretung spezifisch mittelständischer Interessen.[62]

Der protestantische Mittelstand hingegen fand in der 1876 gegründeten Deutschkonservativen Partei einen politischen Bündnispartner, der sich ausweislich seines Parteiprogramms gegen eine »schrankenlose« Wirtschaftsfreiheit, wie sie die wirtschaftsliberale Doktrin forderte, aussprach und statt dessen für eine »organisierte wirtschaftliche Freiheit« eintrat.[63] Die konfessionelle Spaltung des handwerklichen Mittelstands spiegelte sich wider in der Aufsplitterung in zwei Interessenverbände. Allein daraus resultierte eine grundsätzliche Schwäche, die auch nicht dadurch wettgemacht werden konnte, daß beide Verbände in ihren

Forderungen nach Zwangsinnungen für die einzelnen Gewerbezweige, Handwerkskammern, nach umfassendem wirtschaftlichem Bestandsschutz oder nach Einführung des »Befähigungsnachweises« übereinstimmten. Was die Durchsetzung dieser Forderungen erschwerte, war die Zerklüftung der handwerklichen Interessenlagen. Die Bruchlinien entsprachen vordergründig einerseits der konfessionellen Spaltung in katholische und protestantische Handwerker, andererseits reflektierten sie die wirtschaftsgeographischen Unterschiede zwischen stärker industrialisierten und überwiegend ländlichen oder unterindustrialisierten Regionen. Im »Allgemeinen deutschen Handwerkerbund« waren katholische Handwerksmeister aus unterindustrialisierten Regionen mit Schwerpunkt Bayern vertreten, während im »Centralausschuß der Vereinigten Innungsverbände Deutschlands« die protestantischen Handwerker aus den industrialisierten Regionen überwogen.[64]

Diese Gespaltenheit des handwerklichen Mittelstands lieferte ihn bei der Durchsetzung seiner Interessen dem Wohlwollen seiner beiden politischen Vormünder, dem Zentrum und den Deutschkonservativen, aus. Damit war jedoch nicht viel gewonnen, weil alle Handwerkerforderungen, die eine radikale Einschränkung der Wettbewerbsfreiheit verlangten und die zumeist auch von den beiden konservativen Parteien mitgetragen wurden, regelmäßig am Widerstand der Ministerialbürokratie scheiterten. Die stand protektionistischen Forderungen zwar nicht mit absoluter Gegnerschaft gegenüber, zog aber stets mit aller Entschiedenheit die Grenze da, wo einschlägige Konzessionen die vitalen Interessen eines Industriestaates in Mitleidenschaft gezogen hätten.[65] Der einzige, allerdings bescheidene Erfolg war das 1897 novellierte Handwerksgesetz, mit dem die Einrichtung von obligatorischen Innungen auf lokaler Ebene unter der Voraussetzung gestattet wurde, daß zwei Drittel der Meister eines Gewerbes in einer Stadt sich dafür aussprachen. Auch erhielten diese Innungen gewisse Kontrollrechte hinsichtlich der Lehrlingsausbildung. Beide Zugeständnisse bedeuteten einen markanten Bruch der bisherigen Linie der Reichsregierung. Damit wurde die Wahrnehmung öffentlicher Kompetenzen an private Körperschaften übertragen. Die politische Rechtfertigung für diesen »Sündenfall« ging dahin, die von der Sozialdemokratie ausgehenden vermeintlichen Gefahren für Gesellschaft und Staat durch ein System der sozialen und politischen »Rückversicherungen« zu bannen, in die auch der Mittelstand, jener Ordnungsfaktor *sui generis* und Repräsentant gesellschaftlicher »Normalität«, eingebunden sein müsse.

Aber auch dieses bemerkenswerte Zugeständnis der Reichsregierung vermochte das Wehgeschrei des Handwerks nicht zu dämpfen. Der »Große Befähigungsnachweis« sowie damit kombinierte Zwangsinnungen wurden als die beiden Ziele von der Mittelstandsbewegung mit heftiger werdender Agitation eingefordert. Darin artikulierte sich immer deutlicher ein Gefühl politischer Heimatlosigkeit und ein gerüttelt Maß an Kulturpessimismus.[66] Diese Mischung bot die Voraussetzung dafür, daß in der Spätphase des wilhelminischen Reichs das in seinen Wünschen und Forderungen enttäuschte Handwerk Elemente einer aggressiven Ideologie förmlich ausschwitzte, die für die Unzufriedenheit anderer Gesellschaftsschichten, für Angestellte, Handlungsgehilfen, Rentner und Kleineigentümer aller Art, die um ihren »bürgerlichen« Status bangten, attraktiv wurde. Kernelement war ein rabiater Antimodernismus, der, wesensverwandt mit dem Kulturpessimismus eines Lagarde oder Langbehn, zum Argumentationshaushalt der Agrarier gehörte, die sich seit 1893 mit dem »Bund der Landwirte« einen sehr effektiven Verband geschaffen hatten.

Auch wenn diese unterschiedlichen sozialen und kulturellen Milieus keineswegs direkt miteinander verkehrten, so fanden dennoch die Schlagworte, mit denen sie hantierten, über viele Kanäle öffentliche Verbreitung und damit auch Eingang in die Denkmuster der Mittelstandsbewegung, die sich, weil sie wesentlich unsystematischer gestrickt waren als jene der intellektuellen Vorbeter, für die Ohren der meisten als um so eingängiger erwiesen. Diese Beeinflussung war nie nur von oben nach unten verlaufen. Nicht allein Wilhelm Heinrich Riehl hatte es als die Tugend seines Verständnisses von »Social-Politik« begriffen, dem Volk aufs Maul zu schauen. Das taten auch andere, die sich um »Authentizität« bemühten, um sich davon für ihr künstlerisches, philosophisches oder sozialwissenschaftliches Schaffen inspirieren zu lassen.

Die ausgeprägt antimodernen Affekte gegenüber allen wirtschaftlichen, gesellschaftlichen, politischen oder kulturellen Veränderungen, die den Interessen oder eingefleischten Gewohnheiten des Handwerks zuwiderliefen, fanden ihre logische Ergänzung in der Feindschaft gegenüber allen Kräften, die sich als Agenten dieser Moderne verdächtigen ließen. Das erklärt den ausgeprägten Antiliberalismus, Antisozialismus, Antikapitalismus, Antiparlamentarismus sowie die Demokratiefeindlichkeit weiter Teile des Mittelstands und des Handwerks, wie deren markanten Antisemitismus und ihr Bekenntnis zum monarchischen Obrigkeitsstaat, dem ihre Angehörigen sich als glühend-patriotische Untertanen freudig unterwarfen. Dieser Antimodernismus war gleichwohl keine katechetisch gegliederte Glaubenslehre, sondern im wesentlichen ein rein negatives Aufbegehren, hinter dem keine Programmatik einer positiven Reform oder einer konstruktiven politischen Zielsetzung stand. Aber auch dieser Aspekt einer mit vagen Ressentiments aufgeladenen Anti-Haltung steigerte die Attraktivität des Mittelstandsprotests bei anderen gesellschaftlichen Gruppen, die sich von den Nebenfolgen einer unaufhaltsam voranschreitenden Industrialisierung bedroht fühlten.

Das einzige, das diesem Sammelsurium von Antihaltungen den Anschein einer gewissen Kohärenz gab, war der prononcierte Antisemitismus. Die Juden, die für Handwerk und Einzelhandel traditionell die ärgsten Feinde verkörperten und als »heimatlose Pfuscher«, »Reingeschmeckte« oder »Böhnhasen« galten, wurden nun als diejenigen ausgemacht, die für alle Übel der Moderne einstanden: Freizügigkeit, Niederlassungs- und Gewerbefreiheit, Sozialismus und Liberalismus, Kapitalismus und Bürokratismus. Kurz, den Juden ließ sich jede Schelle anhängen; sie trugen die Verantwortung für die Zerstörungsgewalt der Moderne, weil ihre Wurzellosigkeit, ihre »erbliche« Verworfenheit als »Christusmörder« ihnen keine andere Wahl gestatteten. Die Entchristlichung der Gesellschaft und deren alle Bindungen und Traditionen notwendig auflösende Demokratisierung war ebenso das Werk der Juden wie die rapide fortschreitende Industrialisierung und das atemberaubende Anschwellen der Städte. Der Beweis? Die bedeutendsten Protagonisten von Liberalismus, Sozialismus, Kapitalismus – waren das nicht Juden? Die Einfachheit dieser »Beweisführung« erzwang förmlich die Lösung, die vorgeschlagen wurde: Der Juden, von Lagarde bereits als »Bazillen« und »Trichinen« ausgemacht, galt es sich zu entledigen, um den »Volkskörper« zu reinigen und jene »Gemütlichkeit« wiederherzustellen, die von den Schlägen der Moderne zertrümmert worden war.

Ein solcher Lösungsvorschlag bestach auch dadurch, daß er eine Revolution verhieß, mit der sich die Moderne eskamotieren ließe, ohne die bestehende gesellschaftliche Ordnung umzustürzen. Das entsprach der Obrigkeitsgläubigkeit des Mittelstands, der zudem keinen alternativen Entwurf für eine neue gesellschaftliche Ordnung entwickeln mußte. Außerdem verschaffte der Antisemitismus dem überschäumenden Antimodernismus der Handwerker, der auf Außenstehende abstoßend oder irrational wirken konnte, den Anstrich eines letzten Endes vernünftigen und sozialverträglichen Wollens, das sie vom Verdacht, revolutionär zu sein, entlastete. Schließlich eignete dem Antisemitismus eine nicht zu unterschätzende integrative und den eigenen prekären Status festigende Funktion: Gegenüber den »heimatlosen« Juden konnte auch noch der ärmste Schuster oder Kesselflicker sein »Deutschsein« als sein unverlierbares »Eigentum« betrachten.[67]

Der Antimodernismus, dem das Handwerk traditionell huldigte – das Verschwinden der Zunftwirtschaft lag in den 1890er Jahren noch keine Generation zurück – entwickelte sich zu einem »catch-all«-Ressentiment, für das sich alle jene sozialen Gruppen empfänglich zeigten, die im weitesten Sinne zum Mittelstand rechneten und deren sozialer Status problematisch war. Doch mochte sich dieser Antimodernismus mit nostalgischen Versatzstücken aus vorindustrieller Zeit schmücken, so war er gleichwohl ein sehr modernes Phänomen. Die Entwicklung des Antimodernismus wie auch der Umfang der Gruppen, die sich zu ihm bekannten, waren unmittelbar von dem Erlebnis abhängig, wie schnell und wie intensiv welche Lebensbereiche vom Prozeß der Modernisierung erfaßt wurden.[68]

Dabei handelt es sich um ein spezifisch deutsches Problem, das sich in dieser Intensität weder in England noch in Frankreich stellte.[69] Daß auf mittlere Sicht, d. h. bis zum Beginn des Ersten Weltkriegs, diese Unterschiede eingeebnet wurden, änderte nichts daran, daß die antimodernistischen Ressentiments ideologisch ausbuchstabiert und zu einer Weltanschauung entwickelt wurden, die im Mittelstand auf immer breitere Resonanz stieß. Ausschlaggebend waren der schwankende Konjunkturverlauf ebenso wie der spezifische Charakter des wilhelminischen Obrigkeitsstaats, der sich stark interventionistisch betrug, wenn er den Interessen von Großindustrie und Agrariern willfahrte, sich aber gegenüber dem Wehgeschrei von Handwerk und anderen mittelständischen Gruppen taub stellte. Das stürzte diese gleichsam in eine lähmende »Beziehungsfalle«: Als gute Untertanen konnten und wollten sie nicht ernsthaft gegen ihre Vernachlässigung aufbegehren und versanken darüber immer tiefer in ihren antimodernistischen Ressentiments, die sie noch mehr daran hinderten, ihre als zunehmend prekär erlebte Situation konstruktiv zu ändern. Der »falsche« Ausweg, der dem Handwerk im besonderen und dem Mittelstandsangehörigen im allgemeinen angesichts dieser Aporie blieb, war die Flucht in die nationalistische Integrationsideologie, die in dem Maße rabiater und mit ihrem aberwitzigen pangermanischen oder weltpolitischen Perspektiven um so verführerischer wurde, wie sich keine grundsätzliche Verbesserung einstellte und andererseits die gefürchtete, in Sozialdemokratie und Gewerkschaften organisierte Arbeiterbewegung immer mehr Fortschritte machte.

Der Krieg, dessen Ausbruch im August 1914 mit überschwenglichem Patriotismus begrüßt wurde – in den so manche Hoffnung stillschweigend eingeflochten war, daß sein siegreicher Ausgang alle Widersprüche und Widerstände überwinden werde –, endete für das Reich bekanntlich in einer Niederlage, die von der nachfolgenden weithin »ungeliebten« Republik mittels eines Quasi-Diktatfriedens der Sieger ratifiziert werden mußte. Diese tiefe Enttäuschung und der Umstand, daß es der Republik, nach einem bekannten Bonmot, entschieden an Republikanern mangelte – im wesentlichen gaben die alten Machteliten des Wilhelminischen Reichs den Ton an, Großindustrie, Militär, Landwirtschaft und Bürokratie –, hatten zur Konsequenz, daß Handwerk und Mittelstand weiterhin in ihrem Ressentiment festsaßen. Dementsprechend wurden die einzelnen Elemente der Mittelstandsideologie in der Weimarer Republik deutlicher akzentuiert. Seinen Ausdruck fand dies im übersteigerten Selbstbewußtsein des Handwerks, das ein Redner 1926 auf dem Nordwestdeutschen Handwerkertag in Kiel in die Worte faßte: Das »deutsche Handwerk, dieser bodenständige, an der Scholle und im tiefsten Volkswesen wurzelnde, aus urwüchsigem Volkstum schöpfende Stand« steht »als Vorkämpfer im Kampf gegen den Untergang des Abendlandes«.[70]

Das war der aus dem Kaiserreich vertraute Anspruch, daß das Handwerk als Ordnungsfaktor, als »nationale Kerngruppe« zu verstehen sei, aus dem ein harmonistisches Gesellschaftsbild abgeleitet wurde, dem man normative Kraft zuschrieb. Dazu paßt die bis heute geläufige Gleichsetzung von Handwerksarbeit mit Qualität, von Handwerkslehre mit Erziehung zur Persönlichkeit, von Handwerksehre mit Berufsethos. Dieses überzogene Selbstbild verfing jetzt jedoch noch weniger als im Wilhelminischen Obrigkeitsstaat: Die von der Parteienkonkurrenz gebeutelte Republik konnte sich erst in ihrer Schlußphase zu gewissen Schutzmaßnahmen bereit finden, die als mittelstandsfreundlich gelten mochten. Diese Zugeständnisse kamen aber zu spät und wurden von den bis dahin stets frustrierten Petenten nur als Tropfen auf den heißen Stein erlebt, zumal sie das Empfinden plagen mußte, daß das Versprechen nie eingelöst worden war, das ihnen Artikel 164 der Weimarer Verfassung verhieß: »Der selbstständige Mittelstand in Landwirtschaft, Gewerbe und Handel ist in Gesetzgebung und Verwaltung zu fördern und gegen Überlastung und Aufsaugung zu schützen.«[71]

Das Erlebnis sozialer Isolation trug dazu bei, die herrschende Krisenstimmung erheblich zu verschärfen. Spätestens mit dem Ausbruch der Weltwirtschaftskrise Ende der 1920er Jahre trat eine Situation ein, die Karl Marx und Friedrich Engels im *Kommunistischen Manifest* zutreffend vorausgesagt hatten: »Die Mittelstände, der kleine Industrielle, der kleine Kaufmann, der Handwerker, der Bauer, sie alle bekämpfen die Bourgeoisie, um ihre Existenz als Mittelstände vor dem Untergang zu sichern. Sie sind also nicht revolutionär, sondern konservativ. Noch mehr, sie sind reaktionär, sie suchen das Rad der Geschichte zurückzudrehen.«[72] Der politisch heimatlose Mittelstand lief fast geschlossen zur Partei Adolf Hitlers über, deren Programm u. a. mit der »Schaffung eines gesunden Mittelstands und seiner Erhaltung« lockte.[73] Im übrigen stifteten der rabiate Antisemitismus sowie der vertraute »Stallgeruch« kleinbürgerlicher Werthaltungen, der die Nazi-Partei umwitterte, weitere unwiderstehliche Affinitäten. Das scheint das entscheidende Kriterium gewesen zu sein: Der Nationalsozialismus war unter allen Parteien das »Tier, das nicht anders roch«, was seine große Anziehungskraft erklärt, die er auch auf den nichtgewerblichen, den »neuen« Mittelstand ausübte, auf das Heer der Angestellten, kleinen Beamten, der Rentner und Pensionäre, die von Statussorgen und Statussehnsüchten während der finalen Krise der Weimarer Republik schier verzehrt wurden. Die NSDAP war in sich facettenreich und versprach jedem alles, weshalb sie dem verängstigten und verhetzten Mittelstand als geradezu wesensidentisch erscheinen mußte. Vor allem verführte die NSDAP durch eine Siegeszuversicht, die den Mittelstandsinteressen trotz der starken Worte ihrer Repräsentanten nie eigentümlich gewesen war.

Tatsächlich standen sich NSDAP und Mittelstand in einem geradezu wahlverwandtschaftlichen Verhältnis gegenüber: Das Handwerk hatte sich stets als Garant autoritärer Familien- und Betriebsstrukturen ausgewiesen. Seine Untertanenmentalität und Obrigkeitsgläubigkeit waren *sans phrase*. Diese Werthaltungen, die von der mittelständischen Ideologie transportiert und diffundiert wurden, prägten die politische Kultur des Kleine-Leute-Milieus und schufen eine große inhaltliche und mentale Übereinstimmung mit dem Nazismus. Was aber nicht bedeutet, daß mit dessen Diktatur der Mittelstand zur Herrschaft gelangt wäre; wie andere gesellschaftliche Schichten und Gruppen auch, zu denen von der SPD enttäuschte Arbeiter ebenso gehörten wie einstige Wähler liberaler oder konservativer Parteien[74], war der Mittelstand der mit Abstand wichtigste Steigbügelhalter für eine Partei, die mit einer auf unbedingten Protest gegründeten »catch-all«-Programmatik nur ein Ziel kannte: die Macht. Nicht überraschend, daß die Nazis, kaum hatten sie die Regierung übernommen, die Tugend der Undankbarkeit übten. Das Regime befriedigte nur teilweise die Forderungen und Sehnsüchte des Mittelstands. Wie der Wilhelminische Obrigkeitsstaat entsprach das auf unbedingte Hörigkeit pochende »braune Reich« nur insoweit diesen Wünschen, wie sie nicht die Belange der Großindustrie tangierten, die für die Machtprojektionen und Eroberungspläne Hitlers bei weitem wichtiger waren. Der barmende Einzelhandel erhielt das Zugeständnis einer gesetzlich verankerten Einrichtungs- und Erweiterungssperre für Warenhäuser und Einheitspreisgeschäfte (1. Januar 1935), während dem Handwerk das alte Verlangen nach Pflichtinnungen (15. Juni 1934) und dem »Großen Befähigungsnachweis« (18. Januar 1935) endlich erfüllt wurde.

Diese Wohltaten des Nazi-Regimes waren für die unmittelbare ökonomische Bestandserhaltung des Mittelstands von unterschiedlicher Bedeutung. Der unter Einzelhändlern besonders virulente Antisemitismus, bis heute mit der Behauptung rationalisiert, die vornehmlich in jüdischem Besitz befindlichen Kaufhäuser und Filialketten hätten deren Ruin bedeutet, läßt sich seines wahnhaften Charakters einfach überführen: Vom gesamten Umsatz des »jüdischen« Einzelhandels entfielen zu Beginn des »Dritten Reichs« lediglich 15 Prozent auf Kaufhäuser und Filialketten.[75] Mit anderen Worten: Für die Interessen des »arischen« Einzelhandels war nur eine Ausschaltung der jüdischen Konkurrenz insgesamt sinnvoll. Das wurde binnen weniger Jahre mit der etappenweise eingeführten »Entrechtung« der jüdischen Mitbürger anvisiert und im Zusammenhang mit der »zwangsweisen Gesamtentjudung« – worunter der Nazi-Jargon die Deportation und physische Vernichtung verstand – »erfolgreich« erzielt. Die Ermordung der Juden hatte insofern zwar eine unübersehbare »mittelstandsfreundliche« Komponente, die sich aber lediglich als Nebenfolge der »Rassenwahn«-Politik beschreiben läßt, der Hitlers monomanisches Trachten von Anfang an galt.

Unmittelbarer erschließt sich dieser Zusammenhang mit der Einführung des »Großen Befähigungsnachweises«, der die Eröffnung oder den Betrieb eines Handwerksunternehmens *auch* vom Nachweis »arischer« Abstammung abhängig machte. Konsequenterweise konnten Juden nach Verkündung dieses Gesetzes am 18. Januar 1935 keinen Meisterbrief mehr erwerben, geschweige einen Handwerksbetrieb fortführen. Es folgte eine rasch einsetzende, umfassende »Arisierung« des Handwerks. Zu Schleuderpreisen sahen sich jüdische Meister oder Geschäftsinhaber gezwungen, ihre Betriebe zumeist an »arische« Mitarbeiter zu verkaufen. Die Welle von »50jährigen Geschäftsjubiläen«, die sich anhand einschlägiger Anzeigen von Einzelhandels- oder Handwerksbetrieben ab Mitte der 1985er Jahre in der Lokal- und Regionalpresse mühelos nachweisen läßt, illustriert den Umfang dieser »Arisierungen«. Auch wenn diejenigen, die solche Firmen- oder Geschäftsjubiläen mit naivem Stolz der Öffentlichkeit anzeigten und die anfallenden Kosten selbstverständlich als Betriebsausgaben steuerlich veranschlagen konnten, zumeist die Erben der »Arisierer« sind, ist das Ausmaß an Vergessen und Verdrängen einigermaßen erschreckend.

Beide Beispiele zeigen, daß die Nazis keine ausgewiesen mittelstandsfreundliche Politik treiben mußten, um sich der Akklamation und Loyalität dieses Milieus zu erfreuen. Zum weiteren überführen beide Beispiele die nachträglich gern vorgebrachte Ausrede, die Naziherrschaft sei eine totalitäre Diktatur gewesen, der sich niemand gefahrlos hätte entziehen oder gar verweigern können, als Schutzbehauptung: Die rechtliche Ausgrenzung der Juden schuf die scheinlegalen Voraussetzungen für die »Arisierung« ihres Eigentums, die aber nur möglich war, wenn viele Interessenten die sich damit bietenden unverhofften und in der Regel äußerst günstigen Marktchancen auch realisierten.

Das Unrechtsbewußtsein der Beteiligten konnte aber auch nicht durch scheinlegale Tarnung völlig außer Kraft gesetzt werden: Jeder Metzger oder Bäcker mußte billigerweise über soviel Geschäftserfahrung verfügen, um zu wissen, daß beim Erwerb solcher »Schnäppchen« vom einstigen jüdischen Konkurrenten nicht alles mit rechten Dingen zugehen konnte. Was mögliche Zweifel dämpfte, war in jedem Fall der im gewerblichen Mittelstand verbreitete Antisemitismus.

Doch auch der »neue Mittelstand«, die Angestellten, kleinen und mittleren Beamten, die Rentner und Pensionäre und mit ihnen das Bürgertum insgesamt, zog stillen Vorteil aus der Verfolgung der jüdischen Mitbürger. Da einschlägige Untersuchungen für die »Friedensjahre« des »Dritten Reichs« fehlen, läßt sich nur vermuten, daß der Kunst-, Antiquitäten- und Antiquariatshandel eine unerhörte Blütezeit erlebte, weil die Hunderttausenden von Juden, die sich rechtzeitig zur Emigration entschlossen und meist den bildungs- und besitzbürgerlichen Schichten angehörten, sich häufig von ihren Kunstsammlungen, antiken Einrichtungen und Bibliotheken trennen mußten, natürlich weit unter Marktwert. Diese Bonanza bot vielen der aus kleinbürgerlichen Verhältnissen stammenden Jungakademiker die Chance, sich nicht nur antik zu möblieren, sondern Anspruch auf bürgerliches Herkommen buchstäblich zu erwerben. So manches heute begehrte, hochtaxierte Erbstück – angeblich von der Urgroßmutter, die einst aber bei der »Herrschaft« nur als Dienstmädchen arbeitete oder ein Kurzwarengeschäft betrieb –, wurde in Wirklichkeit von deren Sohn ab 1936 im Frankfurter Antiquitätenhandel erworben ...

Das sind die eher noch harmlosen deutschen Lebenslügen. Etwas anders verhält es sich mit der »Arisierung«

von Immobilien, von Häusern und Grundstücken, über die bis heute, sofern ihre früheren Besitzer oder deren Erben das »Dritte Reich« nicht überlebten, der dichte Schleier des Tabus gebreitet ist.[76] Da viele Handwerker und Detaillisten in kleinen und mittleren Städten Eigentümer der Häuser waren, in denen ihr Betrieb oder Geschäft untergebracht war, gelangten diese Immobilien bei der »Arisierung« in neue Hände. Vor allem in Großstädten mit einem hohen Anteil wohlhabender jüdischer Bürger dürfte der Haus- und Grundstückshandel während des »Dritten Reichs« in ungeahnter Blüte gestanden haben. Zwar hatten staatliche Organe und Gliederungen der Partei ein bevorzugtes Zugriffsrecht, aber es blieben genügend attraktive »Objekte« übrig, die der einfache »Volksgenosse« erwerben konnte. Den beträchtlichen Boom enthüllt der Erlaß des Reichsfinanzministeriums vom 22. April 1942, mit dem eine Sperre für den Verkauf jüdischen Grundbesitzes aus verfallenem oder eingezogenem Vermögen, sprich das Immobilieneigentum der deportierten oder schon ermordeten Juden, verkündet wurde. Dieser Schritt wurde damit gerechtfertigt, »den heimkehrenden Frontsoldaten noch genügend Gelegenheit zum Erwerb solcher Grundstücke zu geben«. Allerdings waren von dieser Sperre zahlreiche, genau spezifizierte Ausnahmen vorgesehen, die manchen erst auf seine Chance aufmerksam gemacht haben dürften.[77] Jedenfalls sah sich der Reichsminister der Finanzen am 16. Februar 1943 gezwungen, in einem neuerlichen Erlaß den Verkauf von Grundbesitz aus eingezogenem jüdischem Vermögen prinzipiell zugunsten der »nach Kriegsende heimkehrenden Frontsoldaten« zu verbieten.

Als im weitesten Sinne »mittelstandsfreundlich«, auch wenn davon die proletarischen Unterschichten nicht unwesentlich profitiert haben dürften, ist schließlich die kaum erforschte Praxis des Nazi-Regimes zu bezeichnen, selbst den Hausrat deportierter Juden einschließlich der Leibwäsche zugunsten der Staatskasse meistbietend zu versteigern. Die unerbittliche Umsicht, mit der die Häscher und Mörder dabei zu Werk gingen, dokumentieren die penibel geführten langen Listen von persönlichen Gegenständen und Bedarfsartikeln, die den Todgeweihten noch unmittelbar vor ihrem Abtransport in die Vernichtungslager abgenommen wurden. Anläßlich der »Judenevakuierung« im fränkischen Kitzingen am 31. März 1942 wurden laut Protokoll u. a. »nachstehend aufgeführte Gebrauchsgegenstände zur dienstlichen Verwendung von der Verwaltungsabteilung der Außendienststelle [der Gestapo] in Würzburg übernommen:

25 Stück Rasierseife
8 Tuben Rasiercreme
10 Füllfederhalter
2 Zahnbürsten
6 Flaschen Kölnisch Wasser
9 Tuben Zahnpasta
2 Packungen Pfefferminztee
6 Maggiwürfel
1 Dose Nivea
3 Hosenträger
1 Paar Sockenhalter
1 Paar Ärmelhalter
2 Topfreiniger
45 Pakete Waschpulver (Bleichsoda, Imi etc.)
6 Kleiderbügel
1 Schwamm
1 Lederriemen«.[78]

Meist wurde das Hab und Gut der Deportierten in ihren Wohnungen oder auf der Straße davor vom Gerichtsvollzieher versteigert. Lediglich größere Möbelstücke wurden von Spediteuren abgeholt und an bestimmten, in der Lokalpresse angekündigten Tagen und Orten auf Auktionen verkauft.[79] Staatliche Stellen oder Parteigliederungen konnten zuvor ihren Bedarf beispielsweise an Küchenhandtüchern, Matratzen, Bettgestellen oder Waschkommoden anmelden, die ihnen in der gewünschten Stückzahl übereignet wurden. Diese im Zusammenhang mit der »Aktion 3«, wie die Tarnbezeichnung für die Judendeportation lautete, gängige Praxis der Vermögensverwertung jüdischer Opfer fand ihre Ergänzung in der »M-Aktion«, der öffentlichen Versteigerung des Hausrats der aus den Beneluxstaaten sowie Frankreich verschleppten Juden. Dieses Raubgut wurde seit dem Spätherbst 1942 von Sammelpunkten in den einzelnen Ländern aus mit Güterzügen ins Reich geschafft, wo es dann in den Großstädten auf Auktionen losgeschlagen wurde. Die »saubere« Wehrmacht tat dabei eifrig mit. In Belgien unterhielt sie sogar ein eigenes »Lager für Judengut«. Auch bestand ihre Führung darauf, daß besonders erlesene Stücke verdienten Soldaten und deren Familien vorbehalten sein sollten, eine Maßgabe, die ausnahmslos für »Ritterkreuzträger« galt.[80] Wie umfangreich diese Transporte waren, enthüllt der »Gesamtleistungsbericht«, der am 31. Juli 1944 von der »Dienststelle Westen« mit Sitz in Paris wenige Tage vor der Befreiung der Stadt nach Berlin gemeldet wurde:

»Die Dienststelle Westen hat [...] folgende Leistungen erstellt:

69 619 jüdische Wohnungen erfaßt.

Durch den Abtransport [...] einschließlich Sonderaufträge kamen zum Versand:

69 512 komplette Wohnungen.
Das zum Abtransport gekommene Mobiliar und Inventar ergibt zusammengerechnet:
1 079 373 cbm Frachtraum.
Zu diesem Frachtraum wurden benötigt einschließlich zusätzlicher Lieferungen:
26 964 Waggons – 674 Züge.«[81]

Diese Vermögensverwertung der jüdischen Opfer machte die »Volksgenossen«, denen entgegen späterer Beteuerungen das Schicksal ihrer einstigen Mitbürger kaum verborgen geblieben sein konnte, zu Mitwissern, wenn nicht gar, im moralischen Sinne, auch zu Mittätern des nazistischen Massenmords. In jedem Fall stiftete diese Vermögensumverteilung eine Komplizenschaft, die dazu beitrug, eine Loyalität zu schmieden, die häufig den Glauben an den »Endsieg« befestigte. Um all das zu vergessen, bedurfte es paradoxerweise keiner größeren Verdrängungsleistung, denn Täter wie Mitläufer stimmten in ihren Milieuerfahrungen und Mentalitäten weitgehend überein. Überdies eignete der »politischen Kultur« des »Dritten Reichs« jener »catch-all-appeal«, der schon der NSDAP in den vorletzten freien Wahlen der Weimarer Republik zugute gekommen war. Mehr noch, Partei und Führung dürften in der Phase der »großen Erfolge« in den Jahren 1936 bis 1941 auch der Zustimmung jener Mehrheit, die Hitler in den März-Wahlen 1933 noch abgelehnt hatte, ziemlich sicher gewesen sein.[82]
Die geringsten Schwierigkeiten, wenn davon überhaupt die Rede sein kann, sich mit der »politischen Kultur« des »Dritten Reichs« zu identifizieren, dürften »neuer« und »alter« Mittelstand gehabt haben. Für diesen materialisierte sich in Hitlers Reich der Fiebertraum, in den sich das

von Untergangsängsten geplagte und vom Abstieg ins Proletariat bedrohte Kleinbürgertum verstiegen hatte. Ein fataler Irrtum, der ihm bis zuletzt, ja weit über das Ende Hitlers und seines Reichs hinaus nicht wirklich klargeworden ist. Dessen luziferischer Zauber schlägt noch immer in Bann. Aber nicht, weil er teuflisch-raffiniert gewesen wäre, sondern weil er einen Ordnungsentwurf geschaffen hatte, der in seinen nebensächlichsten oder nur lächerlichsten Einzelheiten jenem »Kunstobjekt« gleichen mochte, als das Wilhelm Heinrich Riehl den »Volksstaat« begriff. Er sollte das Ergebnis seiner »Social-Politik« vorstellen: die Organisationsform der »Volksgemeinschaft«.

Daß das Kleinbürgertum überzeugt sein konnte, das Hitler-Regime sei Fleisch von seinem Fleisch, zeigt die Soziologie seines Führungspersonals, das aus dem Mittelstand kam. Je weiter man sich von der Spitzengruppe entfernt und in die Reihen der Bürokraten des Massenmords, zu den Kaltenbrunners, Eichmanns, Höß' oder Müllers vordringt oder die Riege der Gauleiter passieren läßt, desto eindeutiger wird dieses Bild.[83] Schaut man genauer hin, wird man weiterer, in ihrer Dichte verblüffender Ähnlichkeiten gewahr. Viele hatten eine entbehrungsreiche Jugend durchlebt, waren von einem patriarchalischen Vater zu strenger Disziplin, Pünktlichkeit und Ordnung erzogen worden, Sekundärtugenden, denen sie auch als Erwachsene die Treue hielten. Häufig waren sie in erster Generation Akademiker geworden. Diese persönlichen Schicksale – vor dem bewegten und krisengeschüttelten Hintergrund des Ersten Weltkriegs und der Weimarer Republik – verschafften ihnen das Erlebnis einer tiefsitzenden Statusunsicherheit, die sie mit übertriebenem Autoritätsgehabe zu kompensieren suchten. Charakteristischen Ausdruck fand dies häufig in menschenverachtender, kaltblütiger Grausamkeit, die einherging mit überschießender Sentimentalität für Tiere oder Natur sowie mit einer ausgeprägten Vorliebe für Musik.

Das »Dritte Reich« war wie kaum ein Gewaltregime »uniformsüchtig«. Die Uniform gab diesen ichschwachen, weichen Menschen äußeren Halt, stellte ihren Status aus und verpflichtete ihre Träger zu einem Betragen und einer Härte, die dem »Ehrenkleid«, das sie trugen, angemessen war. Sie gehörten zu den »Auserwählten«, die dank ihrer Uniform aus der Anonymität der »Volksgemeinschaft« abstachen. Das Ausleben der älteren, zumal preußischen Vergötzung des Militärischen mit dem Offizier als Ideal blieb dem Adel vorbehalten; der bürgerliche Akademiker – allerdings durfte er nicht Jude sein – hatte allenfalls die Chance, Reserveoffizier zu werden. Erst das »Dritte Reich« schuf eine »demokratisierte«, wenngleich vielfältig abgestufte Elite von Uniformträgern. Auch das gehört zum schönen, verführerischen Schein. Die plebejischen Fußtruppen stellte die SA in ihrer bündisch anmutenden braunen Uniform. Mit der Machtübernahme hatte die SA ihre Schuldigkeit getan und wurde nach dem »Röhm-Putsch« vom Juni 1934 weitgehend entmachtet. Damit ging das Regime zu einer Truppe auf Distanz, die schon auch aus ästhetischen Gründen nicht mehr ins Bild paßte. Statt dessen trat die SS in den Vordergrund, wurde mit ihren schwarzen Uniformen, schwarzen Stiefeln, silbernen Tressen, dem Totenkopf an der Uniformmütze und den weißen Handschuhen gewissermaßen zum Garderegiment, zum »schwarzen Orden« des Regimes. Die SS avancierte rasch zur Elite der uniformierten Elite, wurde der »neue Adel«. Ihr Chef, Heinrich Himmler, Sohn eines Münchner Gymnasiallehrers der alten Sprachen, wollte mit der SS seine Vorstellung des griechisch-antiken Ideals

der *kalokagathia*, der Harmonie von Adel, Vortrefflich-
keit und »rassereiner« Schönheit verwirklichen. Die SS
symbolisierte und verklärte zugleich die nackte Gewalt,
auf die sich das Regime stützte. Das verlieh ihr den Anschein »höherer«, unmittelbar vom Willen des »Führers«
abgeleiteter Legitimität, was ihren sozialen Status erheblich steigerte.

Ihre Elite-Funktion verrät sich auch in der soziologi-
schen Zusammensetzung der SS. Bis 1933/34 dominierten
ehemalige Freikorpsleute, »alte Kämpfer« und Angehörige
der Intelligenz, die während der Wirtschaftskrise gescheitert waren. Danach ließen sich Angehörige des alten Adels
mit SS-Rängen locken. Bei manchen dürfte dabei den Ausschlag gegeben haben, daß Träume von der Wiederherstel-
lung der Monarchie mit Hitler endgültig gescheitert und
sie selbst als Stand sozial überflüssig geworden waren.
Himmler, dessen Patenonkel ein Prinz aus dem Hause
Wittelsbach war, wird diesen Zustrom gerne gesehen haben: Die Angehörigen des alten Adels verschafften dem
»neuen Adel« des »schwarzen Korps« etwas vom Glanz
der Monarchie und steigerten damit das Sozialprestige der
SS, das sie gegenüber der Masse der »Goldfasanen«, der
ebenfalls uniformierten Funktionäre und Würdenträger
der Partei einerseits, und der »feldgrauen« Wehrmacht andererseits abhob. Dieser Effekt wurde zusätzlich dadurch
unterstrichen, daß rund ein Drittel der SS-Führungschar-
gen Vollakademiker waren, während sich in den mittleren
Rängen ebenfalls viele jüngere Juristen, freiberufliche
Akademiker und Kaufleute tummelten.

Für die aufstiegswilligen, ehrgeizigen Sprößlinge des
Kleinbürgertums stellte die SS eine unwiderstehliche Verlockung dar. Sie verhieß ihnen soziale und funktionale Di-
stinktion, wie sie keine andere Organisation des Regimes

bieten konnte. Vielen war deshalb kein Preis, den sie für die Aufnahme in diesen Orden bezahlen mußten, zu hoch. Unter den Euthanasieärzten oder den mittleren Rängen des SS-Wachpersonals in den Konzentrations- und Vernichtungslagern überwogen Söhne aus dem unteren Mittelstand, die den Traum von sozialem Aufstieg, Status, Prestige und Sicherheit, den schon ihre Eltern und Großeltern vergeblich geträumt hatten, verwirklichten, indem sie ihre Hände mit dem Blut von Tausenden von Männern, Frauen und Kindern besudelten.

Vertreibung und Ausrottung der Juden waren die Voraussetzungen für eine Vermögensumwälzung gewesen, von der erstmals in der Geschichte der Deutschen ausnahmslos alle Schichten profitierten. Das heißt nicht, daß alle gleichen Nutzen davon hatten. Die Masse der Habenichtse mußte sich mit dem Schnäppchen eines Küchenschranks oder eines Kinderbetts begnügen, während ein Rudolf August Oetker seinen Hamburger Villenbesitz in feinster Lage um ein 3000 Quadratmeter großes Grundstück arrondieren konnte, das er der jüdischen Eigentümerin 1940 für die wahrhaft lächerliche Summe von 45 500 Reichsmark »abkaufte«.[84] Die von den Nazis betriebene umfassende Uniformierung der Gesellschaft wies in eine ähnliche Richtung. Um den Preis der bedingungslosen Unterwerfung unter die verbrecherischen Ziele des Regimes wurde man mit einem sozialen Distinktionsgewinn, der mit sicherem Status verknüpft war, prämiert. Die Uniform stellte diesen Gewinn ebenso öffentlich aus, wie andererseits der »gelbe Stern«, den die Juden seit 1941 auf ihrer Kleidung tragen mußten, nicht nur Distinktionsverlust manifestierte, sondern ihre völlige gesellschaftliche Ächtung und Rechtlosigkeit. Doch mit der Uniformierung wurde keineswegs Chancengleichheit bezweckt. Die Masse der Uniformträger mußte sich mit bescheidenen Chargen begnügen, konnte dieses Erlebnis jedoch mit dem Bewußtsein kompensieren, Repräsentant des Führerwillens zu sein.

Als überaus wirkungsmächtig und loyalitätsstiftend wirkte sich noch eine dritte Illusion aus, die das wahre Gesicht des Regimes im weitesten Sinne kulturell verbergen sollte. Die Arbeits- und Lebenswelt von Millionen Deutschen, der »Arbeiter der Stirn und der Faust«, wie die eingängige Formel lautete, sollte so inszeniert werden, daß die kapitalistischen Produktionsverhältnisse hinter einem schönen Schein verschwanden. Die Absicht hat David Schoenbaum charakterisiert: »Das Sein bestimmt das Bewußtsein, sagt Marx. Der Nationalsozialismus war der Versuch, dieses Verhältnis umzukehren.«[85] Dem entsprach zum einen die »Blut-und-Boden«-Ideologie, die mit propagandistischem Geschick kreiert wurde und die alljährlich im Herbst ihren gewissermaßen liturgischen Höhepunkt mit dem »Erntedankfest« auf dem Bückeberg bei Hameln fand.[86] Zum anderen der »reaktionäre Modernismus«, jener nach rückwärts blickende technisch-zivilisatorische Fortschritt, mit dem die Nazis die antimodernen Ressentiments eines Großteils ihrer Anhängerschaft ruhigstellten, ohne die technischen Eliten zu verprellen.

Mit beiden Ideologien wurde ein und dasselbe Ziel verfolgt: die Zerspaltenheit der Gesellschaft in eine Vielzahl miteinander konkurrierender und organisierter Interessen, die sich seit der Reichsgründung von 1871 immer deutlicher ausgeprägt hatte und die das Empfinden der inneren Zerrissenheit trotz nationaler Einheit im konservativen Lager bis zur Hysterie gesteigert hatte, zugunsten der verheißenen »Volksgemeinschaft« zu beseitigen. Es war diese vom Regime erfolgreich propagierte Illusion, alle divergierenden Interessen auszugleichen und zu befriedigen, die den Nazis die freiwillig gewährte Zustimmung der breiten Massen sicherte.[87] Gestützt wurde diese Illusion durch die »nationale Revolution«, die mit der Machtübernahme Hitlers begann und einherging mit einem umfassenden Austausch und einer Verjüngung der Handlungseliten auf allen gesellschaftlichen Ebenen. Das schuf eine Dynamik, die Statusaspirationen ebenso befriedigte wie sie technologischen Innovationen neue Spielräume verschaffte. Der reaktionäre Modernismus, der Technologie und Innerlichkeit miteinander vermitteln sollte, wie die »Blut-und-Boden«-Mythologie versprachen allen alles. Diese »Vereinbarung des Unvereinbaren« (Hans Mommsen) wurde im wesentlichen mit propagandistischen Mitteln erzielt, die deshalb so erfolgreich und lange wirkten, weil sie punktgenau die schon lange gehegten Vorstellungen und Wünsche befriedigten. Die verzaubernde Kraft dieser Propaganda läßt sich bis in die Gegenwart deshalb noch dingfest machen, weil von ihr Institute des Daseinsvorsorgestaats plakatiert wurden, die uns heute zur bequemen Selbstverständlichkeit geworden sind. Dabei wird häufig übersehen, daß die Nazis dieses Programm vor allem nur in seinen negativen, verbrecherischen Aspekten realisierten: in der Beseitigung »unnützer Esser«, der Tötung »lebensunwerten Lebens«, der Eliminierung angeblich »asozialer« Elemente sowie der ausgeprägten Tendenz, die wegen Alters oder chronischer Krankheit nicht mehr arbeitsfähige Bevölkerung verschwinden zu lassen.[88]

Mit der »Blut-und-Boden«-Ideologie suchten die Nazis eine Antwort auf die endemische Krise der Landwirtschaft zu formulieren, zum anderen eine weitgehende Autarkie in Fragen der Ernährung zu gewährleisten. Nach den Erfahrungen des Ersten Weltkriegs war das eine Bedingung für die von Hitler geplanten Kriege, mit denen weiterer

»Lebensraum« gewonnen werden sollte, in dem die Voraussetzung für die erstrebte Weltmachtstellung des Deutschen Reichs gesehen wurde. Diesen Zielen diente die nationalistische Agrarpolitik, deren Grundlage das Gesetz »über den vorläufigen Aufbau des Reichsnährstandes und Maßnahmen zur Markt- und Preisregelung für landwirtschaftliche Erzeugnisse« vom 13. September 1933 war. Dieses Gesetz sollte ein staatlich kontrolliertes Kartell schaffen, das die Erzeugung und Vermarktung landwirtschaftlicher Produkte im weitesten Sinne der Dominanz der landwirtschaftlichen Interessen auslieferte. Das System umfassender Preis- und Absatzregelungen schloß nicht nur Bauern und Fischer, sondern auch die Agrarprodukte verarbeitende Industrie und den Groß- und Einzelhandel ein. Der »Reichsnährstand« war nichts anderes als ein »Bauernsyndikat« mit rund 17 Millionen Mitgliedern, dessen Organisation dafür sorgte, daß Handel, Handwerk, Gewerbe und Nahrungsmittelindustrie den Erzeugerinteressen strikt untergeordnet waren. Allerdings hing die Chance zur Durchsetzung landwirtschaftlicher Interessen davon ab, daß sie nicht den übergeordneten politischen Zielen des Regimes widersprachen. In einem Beitrag für das Parteiorgan *Völkischer Beobachter* machte dies der »Führer des Reichsnährstands«, Walter Richard Darré, am 30. Mai 1937 unmißverständlich klar: Der »Reichsnährstand« sei kein »liberalistischer Interessenverband«, sondern »nur eine Zweckorganisation, die dem Staate als dem Ausdruck des organisierten Volkswillens dient. Hier richtet sich der Stand also nicht mehr gegen den Staat, sondern ist für den Staat ein Mittel zum Zweck geworden, d. h. der Staat bewältigt auf ständischer Grundlage Aufgaben, wenn ihm hierfür der Stand zweckdienlich erscheint als eine staatliche Verwaltungsapparatur.«[89]

In der Herrschaftspraxis mündete diese »Gleichschaltung« der agrarischen Interessen in eine Ausbeutung des »Landvolks«, das sich den kriegswirtschaftlichen Zielen der Nazis unterzuordnen hatte. Das kaschierte das Regime mit der Ideologie der »Hofgemeinschaft«, die als »Lebensgemeinschaft« legitimiert wurde oder mit finanziellen Hilfen für notleidende »Erbbauernhöfe«. Diesem Zweck diente auch der Reigen volkstümlicher Feste, die heute noch in Weinbauregionen zur Weinlese gefeiert werden und deren »Tradition« erst Mitte der dreißiger Jahre des 20. Jahrhunderts geschaffen wurde, auch wenn sie sich den Anschein geben, sie seien weit älteren Ursprungs. Dieser falsche Flitter konnte auf Dauer jedoch nicht verbergen, daß die Landwirtschaft von den ehrgeizigen, sich häufig widersprechenden Absichten des Regimes, die mittels propagandistisch groß aufgemachter »Ernteschlachten« erreicht werden sollten, weit überfordert wurde. Nicht nur die rapide sinkenden Geburtenraten im ländlichen Raum zeigen, wie überlastet die Bauersfrauen waren, obwohl gerade deren »Gebärfreude« eine wesentliche Stütze des »erbbiologischen« Wahns der Nazis sein sollte. Auch der erschreckend schlechte Gesundheitszustand von Bauernkindern, der bei den Musterungen zum Vorschein kam, verrät das.[90]

Das Gegenstück zum »Reichsnährstand« bildete die »Deutsche Arbeitsfront«; zu »Blut-und-Boden« die Aktion »Schönheit der Arbeit«. Schönheit war für die Nazi-Ideologie ein Schlüsselbegriff, weil sie in deren Augen ein Ordnungsprinzip vorstellte. Und Ordnung galt als das genaue Gegenteil jener Nervosität, die in Degeneration, in »Entartung« ihre tiefere Ursache hatte, wie sie angeblich für die Moderne des 19. Jahrhunderts typisch war, gegen die Max Nordau Ruhe und Klarheit als einzig wirksame Gegengifte empfohlen hatte.[91] Selbst wenn es einigermaßen abwegig erscheinen mag, daß sich Hitler ausgerechnet die Einsichten eines jüdischen Kulturphilosophen zu eigen machte, der sich überdies seit Mitte der 1890er Jahre in der zionistischen Bewegung engagierte, scheinen sich die Nazis dennoch dessen Thesen bedient zu haben, um ihr Programm »Der deutsche Alltag soll schön werden« zu rechtfertigen. In der Schönheit des Alltags, die ihren unverwechselbaren Ausdruck in der Nazi-Kunst, auch in Büros und Fabrikhallen fand,[92] sollte die Wirklichkeit der realen Arbeitswelt und die Klassenlage, die sich in ihr widerspiegelte, zugunsten jener falschen Harmonie verschwinden, die mit der Formel von den »Arbeitern der Stirn und der Faust« beschworen wurde.

In diese Richtung gingen auch die Phrasen von der »Würde der Arbeit«, die ein Arbeitsethos einforderten, das sich im selbstlosen Dienst an der »Volksgemeinschaft« erfüllte. Entsprechend wurde die Sprache »gleichgeschaltet«. Der »Arbeiter«, den Ernst Jünger noch ganz in der Semantik von *Mein Kampf* heroisierte und für die Zwecke des reaktionären Modernismus zurüstete oder, um in seiner Sprache zu reden, »total mobilmachte«, verschwand nun in der »Gefolgschaft«. In dieser erfüllte sich, was Ernst Jünger prognostiziert hatte: »Freizeit und Arbeitszeit sind zwei Modifikationen, in denen man von ein und demselben technischen Betriebe in Anspruch genommen wird.«[93] Wie Jünger vorhergesehen hatte, stellte sich als Komplementärphänomen zur Syndikalisierung der Arbeiter in der »Gefolgschaft« ihre Syndikalisierung in der »Freizeit« ein, für die die NS-Gemeinschaft mit dem passenden Namen »Kraft durch Freude« (KdF) zuständig war. So der Name der Unterorganisation der »Deutschen Arbeitsfront«, deren Aufgaben der Chef der DAF, Robert Ley,

1936 mit den Worten umriß: »Mobilisierung der Energien in einem Volke heißt, den Gemeinschaftsgedanken pflegen und heißt alles untermauern durch die Freude ...«[94] Die Hauptattraktion der Ferienangebote von KdF waren Kreuzfahrten auf Schiffen, die der Organisation gehörten und die bis zum Beginn des Kriegs mehrmals im Jahr von Hamburg oder Bremerhaven nach Madeira, in die norwegischen Fjorde oder nach Palermo und Neapel ausliefen. Beliebt waren außerdem dreitägige Kurzreisen mit der Bahn an den Bodensee oder ins Fichtelgebirge. Ein zweiwöchiger Sommerurlaub am Tegernsee kostete einschließlich Fahrt, Unterkunft und Verpflegung nur 54 Reichsmark pro Person. Das war ein Preis, den sich viele leisten konnten, die noch nie zuvor Ferien an einem Ort ihrer Wahl hatten verbringen können. Außerdem wurden ab 1937 Bahnreisen nach Italien, an die Adria oder den Gardasee angeboten, Ziele, zu denen bis Kriegsbeginn im September 1939 einige zehntausend Deutsche aufbrachen.

Die KdF-Reisen waren eines der erfolgreichsten Propagandamittel des NS-Regimes, was nicht zuletzt die Exil-SPD erkannte, die bereits 1936 in ihren *Deutschland-Berichten* dazu vermeldete: »Das alles hat Methode und darf in seiner Bedeutung nicht unterschätzt werden.« Die KdF-Aktivitäten scheinen den Beweis zu liefern, »daß die Lösung der sozialen Fragen umgangen werden kann, wenn man dem Arbeiter statt mehr Lohn mehr ›Ehre‹, statt mehr Freizeit mehr ›Freude‹, statt besserer Arbeits- und Lebensbedingungen mehr kleinbürgerliches Selbstgefühl verschafft. KdF ist nicht nur eine raffiniert erdachte und geleitete Organisation zur ›Betreuung der Massen‹, sondern geradezu ein Symbol des von der NSDAP repräsentierten ›nationalen Sozialismus‹.«[95]

Den größten, zunächst erfolg-, schließlich aber folgenreichsten Propagandacoup landete das Regime, als es im Zeichen des »nationalen Sozialismus« die »Volksgemeinschaft« mobil machte und im September 1939 den Krieg vom Zaun brach. Schon mit den Schritten, die von der NS-Führung daraufhin gemacht wurden – dem »Anschluß« Österreichs, der erpreßten Angliederung des Sudetenlands und schließlich der militärischen, wenn auch kampflosen »Zerschlagung der Resttschechei« –, wurden die »Volksgenossen« erfolgreich auf die nach den Aufbau- und Friedensjahren neue Phase einer nach außen abgeleiteten Aggressivität eingeschworen. Zwar ist richtig, daß nirgendwo im Reich der Ausbruch des Krieges mit einem nur entfernt ähnlichen Überschwang gefeiert wurde wie der im August 1914. Nach der raschen Niederwerfung Polens im Herbst 1940, der die Westmächte weitgehend tatenlos zuschauten, und erst recht nach dem erfolgreichen Abschluß des »Blitzkriegs« gegen Frankreich im Frühsommer 1940 und der Besetzung Norwegens änderte sich dieses Bild gründlich: Der »Führer«, der »größte Feldherr aller Zeiten«, hatte binnen weniger Wochen erreicht, woran die vorausgehende Generation in den Materialschlachten des Ersten Weltkriegs nach vier Jahren äußerst verlustreicher Kämpfe gescheitert war. Das waren Erfolge, denen selbst jene die Anerkennung nicht versagen konnten, die bislang dem Regime mit einem Rest von Skepsis gegenübergestanden haben mochten. So populär wie Hitler damals dürfte wohl noch nie ein deutscher Politiker gewesen sein. Der Nationalsozialismus, so mußte es den meisten erscheinen, hatte sich mit der »Volksgemeinschaft« ein Instrument geschmiedet, mit dem das Deutsche Reich seine ihm seit langem zustehende Rolle als Weltmacht errungen hatte. Die Deutschen besaßen mit einemmal das, wovon Wilhelm II. nur bramarbasiert hatte: Weltgeltung. Endlich hatten sie sich gegen mißgünstige Mächte durchgesetzt und den Platz an der Sonne erobert. Es war die schiere, schon immer vergötzte Macht der Tatsachen, die jetzt für Führer und Regime sprach und den leisesten Zweifel zum Verstummen bringen mußte. Darin liegt der tiefste Grund dafür, daß erst dann verhaltene Kritik am Regime laut wurde, als sich das Blatt für viele sichtbar mit der militärischen Katastrophe von Stalingrad im Winter 1942/43 zu wenden begann, als immer öfter alliierte Bomberflotten zunächst im Schutz der Nacht, dann auch am Tage ins Reich vordrangen, die Städte in Trümmer legten, während das Regime immer unverhohlener in seinem Mordrausch schwelgte.

Es ist müßige Spekulation, doch wahrscheinlich wären die Verschwörer des 20. Juli 1944 selbst dann gescheitert, wenn es ihnen gelungen wäre, Hitler zu töten. Dies nicht nur, weil der verzweigte Terrorapparat des Regimes quasi automatisch und weithin autonom funktionierte, sondern auch deshalb, weil die gläubige Loyalität, welche die Masse der »Volksgemeinschaft« dem Führer entgegenbrachte, eine solche Wende als Verrat, ja als »Dolchstoß« in den Rücken der an vielen Fronten kämpfenden Wehrmacht empfunden hätte. Wie anders ließe sich sonst erklären, daß selbst in den Monaten der Auflösung und fortschreitenden militärischen Zernierung, als jedermann der »Endsieg« als monströse Lüge deutlich werden mußte, die Verführten ihrem Verführer und Verderber unverbrüchliche Treue hielten? Dieser »Durchhaltefanatismus« basierte allerdings auch zu einem nicht geringen Teil auf Heuchelei, die durch die immer offeneren und rabiaten Terrordrohungen des Regimes erzwungen wurde, das in dieser finalen und verlustreichsten Phase des ganzen Krieges selbst die letzte Maske fallen ließ und auf die übliche Tarnsprache verzichtete, hinter der es seine Mordbefehle verbarg. Formulierungen wie »augenblicklich umlegen«, »ohne weiteres niedermachen«, »restlos ausrotten« fanden jetzt Eingang in Befehle, Weisungen und Erlasse.[96]

Das »Großdeutsche Reich« verendete langsam wie ein waidwundes Tier, dessen Lebenswille bis zuletzt seine Reflexe steuert. Bis zum furchtbaren Ende stand in namenloser Schande, die selbst die Scham verstummen ließ, die »Volksgemeinschaft«, die längst zur »Volkssturmgemeinschaft« geworden war, in Treue fest zur Führung, während Paladine des Regimes das sinkende Schiff in hellen Scharen verließen. Goebbels fand dafür das treffende Wort vom »Delirium des Verrats«, in das sich die Verderber flüchteten. Als einer der ersten ging der dicke Göring von der Fahne, weshalb sich Hitler noch die Zeit nahm, dessen förmlichen Ausschluß aus der NSDAP zu verkünden. Ebenso erging es Himmler, dem Chef der SS, der am 23. April 1945 durch Vermittlung eines schwedischen Diplomaten, des Grafen Bernadotte, einen Waffenstillstand mit den Westmächten auszuhandeln suchte. Schließlich verweigerte sich auch Goebbels dem Befehl Hitlers, nach Flensburg, dem Sitz der neuen Regierung, zu gehen, der er als Reichskanzler dienen sollte, und beging statt dessen mit seiner Familie im brennenden Berlin Selbstmord. Die Flucht in diesen Verrat wählte auch Hitler.

Im Mai 1945 war Deutschland in seiner physischen Erscheinung so verheert und verwüstet wie nur einmal, dreihundert Jahre zuvor, am Endes des Dreißigjährigen Krieges. Den gravierenden Unterschied zu jenem *finis Germaniae* machte aus, daß das Reich damals Opfer gewesen war. Jetzt war es als Täter unterlegen. Diese Niederlage war nicht nur eine im militärischen Sinne totale, sondern auch im moralischen und kulturellen. Vielleicht war es deshalb notwendig, gerade diesen Aspekt zu verdrängen, wollte man den Eigensinn, mit dem sich alles Lebendige an seine Existenz klammert, nicht auch noch zerstören. Aus diesem Eigensinn nährte sich jene Lebenslüge, an die sich vor allem die DDR klammerte, die für sich in Anspruch nahm, das »bessere Deutschland«, jenes, das sich von jeder schuldhaften Verstrickung in die Verbrechen der Nazis frei wisse, zu repräsentieren.

Der Reflex, vor dieser Verantwortung einfach wegzutauchen, war zwar auch in der Bundesrepublik in der unmittelbaren Nachkriegszeit stark ausgeprägt, aber eine Demokratie kann auf Dauer nicht mit einem schlechten Gewissen leben, weshalb hier die Politik der Wiedergutmachung ergänzt wurde durch das Projekt »Bewältigung der Vergangenheit«. Diesen gravierenden Unterschied in der moralischen Genese der beiden deutschen Staaten gilt es anzuerkennen, auch wenn nicht bestritten werden kann, daß die beiden Anstrengungen, die von der »alten« Bundesrepublik unternommen wurden, um mit einer Vergangenheit ins reine zu kommen, die allen Deutschen gemeinsam ist, mit manchen Halbherzigkeiten und Unzulänglichkeiten behaftet war und bleibt. Gleichwohl kam damit ein Aufklärungsprozeß in Gang, der dazu beitrug, Toleranz und bürgerliche Zivilität in der Bundesrepublik zu verankern. Vermutlich wird der Westen Deutschlands seinen Vorsprung in diesem Prozeß für lange vor dem Osten behaupten, eine Perspektive, die eine rasche Erfüllung der Hoffnung, daß nun zusammenwachse, was zusammengehöre, noch für geraume Weile arg enttäuschen dürfte.

# Mutation

Der Mittelstand war in der »Volksgemeinschaft« des »Dritten Reichs« aufgegangen. Lockung und Terror hatten gewiß ihren Beitrag dazu geleistet, ihn im Sinne des Regimes »gleichzuschalten«, das ihm andererseits aber auch als die Erfüllung vieler seiner Sehnsüchte erschien. Außer Frage kann also stehen, daß der »Zusammenbruch« im Mai 1945 für den Mittelstand das jähe Ende einer schönen Illusion bedeutete, die tausend Jahre währen sollte. Nun galt es davon zu retten, was zu retten war. Der erfolgreiche Versuch, dies zu tun, hat die Frühgeschichte der Bundesrepublik Deutschland tief geprägt, und seine Spuren sind bis heute deutlich zu erkennen.

Die Währungsreform im Juni 1948 schuf die Voraussetzungen für das »Wirtschaftswunder«, das mit Beginn der 1950er Jahre einsetzte und einen sozialen Strukturwandel auslöste, umfassender und rascher als alle gesellschaftlichen Veränderungen, die von den Deutschen im Zweiten Kaiserreich, in der Weimarer Republik oder im »Dritten Reich« erlebt wurden. Die vorindustriellen Eliten der Junker verschwanden ebenso wie das proletarische Milieu einer klassenbewußten Arbeiterschaft. Auch die konfessionellen Unterschiede wurden von der Flutwelle der aus den »Ostgebieten« Vertriebenen buchstäblich hinweggeschwemmt. Von allen traditionellen sozialen Mächten und Milieus war es allein dem Mittelstand beschieden, wie Phönix aus Schutt und Asche Nachkriegsdeutschlands aufzusteigen. Das erklärt, warum die Bundesrepublik Deutschland sich in der langen Ära Konrad Adenauers zu einer Gesellschaft entwickelte, in der die mittelständischen Werthaltungen unangefochten dominierten. Ganz deutlich wird dies etwa daran, daß die uneingeschränkte Gewerbefreiheit, die in der amerikanischen Besatzungszone eingeführt worden war, 1953 wieder abgeschafft wurde. Die am 26. März 1953 verabschiedete Handwerksordnung passierte den Bundestag mit Zustimmung nicht nur von CDU/CSU und FDP, sondern auch der SPD. Damit wurde wieder der »Große Befähigungsnachweis«, die Morgengabe der Nazis an das Handwerk, gesetzlich verankert, obwohl diese »Erhaltungsintervention« zugunsten einer sozialen Gruppe mit der sonst gültigen Wettbewerbsordnung systematisch nicht zu vereinbaren war und ist. Daran wird vermutlich auch der europäische Binnenmarkt und die europäische Wettbewerbsordnung nichts ändern. In der abstrusen Handwerksordnung verteidigt notfalls selbst eine sozialdemokratische Bundesregierung die deutsche Seele. Der gewerbliche Mittelstand wird es ihr danken – oder auch nicht.

Der ökonomische Widersinn dieser Regelung, die eine monopolistische Produktionsbeschränkung bezweckt, deren unmittelbare Folge eine abnehmende Marktversorgung bei steigenden Preisen ist, überstand dennoch ungeschmälert die zweimalige Novellierung der Handwerksordnung 1965 und 1994, die jeweils von einer Allparteienmehrheit des Bundestags gebilligt wurde. Die erstmalige Verabschiedung des »Gesetzes zur Ordnung des Deutschen Handwerks« 1953 begrüßte der damalige Hauptgeschäftsführer des Zentralverbands des Deutschen Handwerks, Dr. Wellmanns, mit den bemerkenswerten Worten: »Die Verkündung der Handwerksordnung ist nicht allein der wichtigste handwerkspolitische Akt seit 1945, es handelt sich um das bedeutendste Ereignis in der ganzen neueren Geschichte des deutschen Handwerks. Man muß schon auf das sogenannte Handwerkergesetz von 1897 (!) zurückgreifen, um den richtigen Maßstab für Rang und Gewicht der neuen deutschen Handwerksordnung zu gewinnen.«[97] Die Innungen erhielten mit diesem Gesetz zwar nicht mehr ihren Zwangscharakter, wurden dafür aber, ebenso wie die Handwerkskammern, als »Körperschaften des öffentlichen Rechts« privilegiert.

Im Unterschied zum Handwerk konnte der Einzelhandel seine Protektion aus der Zeit des »Dritten Reichs« weniger erfolgreich verteidigen. Das Schutzgesetz von 1933 wurde zwar erst 1957 mit dem neuen »Gesetz zur Berufsausübung im Einzelhandel« abgeschafft, aber weiterhin wurden Sachkunde und persönliche Zuverlässigkeit zur Voraussetzung einer Betriebsgründung gemacht. Die Sachkunderegelung wurde im Dezember 1965 durch eine Entscheidung des Bundesverfassungsgerichts aufgehoben, die aber die »persönliche Zuverlässigkeit« weiterhin gelten ließ.[98] All dies zeigt unmißverständlich, daß die von der Mittelstandsideologie seit 1871 propagierten Werthaltungen in der Bundesrepublik als fraglose gesellschaftliche Normen, als schützenswerter Ausdruck einer angeblichen gesellschaftlichen Normalität nicht nur anerkannt, sondern geradezu verinnerlicht worden sind.

Seinen treffenden Ausdruck fand dieser Erfolg in dem Standardwerk des guten Benehmens, das Karlheinz Graudenz und Erica Pappritz erstmals 1956 vorlegten. Den Geist dieses wahrhaft umfassenden Kompendiums verrät, daß im Kapitel »Am festlich gedeckten Tisch« auch das Tischgebet in einer Sprache, die ihre Herkunft aus der den Nazis geläufigen Rede von der »Gottgläubigkeit« preisgibt, ausführlich erörtert wird:

»Es ist kein glückliches Zeichen unserer modernen Sachlichkeit, daß sie das Gedenken an die Allmacht immer mehr zu vergessen beginnt. Die Bitte um eine gesegnete Mahlzeit und der Dank an Gott waren einst in christlichen Häusern selbstverständlicher Beginn und Abschluß eines Mahles. Heute will es scheinen, als schäme sich die Menschheit ihres Glaubens an eine höhere Macht. Sie schreckt in Gegenwart Dritter vor einer Zwiesprache mit dem Höchsten zurück. Fürchtet sie, daß ein Bekenntnis zu Gott nicht mehr in unser von der Forschung geschaffenes Weltbild passe? Fürchtet sie den Anflug eines mitleidigen oder gar spöttischen Lächelns in den Gesichtern derer, die sich erhaben vorkommen über Glauben und Religion? Bitte und Dank an den Herrn sind eine symbolische Handlung, mit der der Gastgeber oder ein anwesender Geistlicher zum Ausdruck bringen, daß die gedeckte Tafel letztlich doch nur dem gütigen Walten einer höheren Macht zu danken sei.«[99]

Der Benimm-Ratgeber der Protokollchefin Adenauers, Erica Pappritz, war die gleichsam zur unfreiwilligen Karikatur geronnene Illustration des Begriffs der »nivellierten Mittelstandsgesellschaft«, den der Soziologe Helmut Schelsky 1956 prägte.[100] Zu deren Gemütshaushalt zählte nicht nur die übersteigerte Wertschätzung von Autorität, Familie und Eigentum, sondern auch eine bemerkenswerte Verdrängung der jenseits des Epochenbruchs vom Mai 1945 gelegenen und erlebten Vergangenheit. Die Bundesrepublik entstand im Schlagschatten des »Dritten Reichs«, zu dem Regierende wie Regierte ein höchst zwiespältiges Verhältnis hatten. Einerseits verurteilte man die Untaten, die nur Hitler, seiner Kamarilla und einigen herausragenden Bösewichtern aus den Reihen der SS angelastet wurden, während alle anderen, die nicht zum innersten Kreis der Hölle gehörten, entweder als unschuldig galten oder mit verständnisvoller Nachsicht rechnen durften. Im übrigen habe niemand zeit der Dauer des »Dritten Reichs«, so wurde immer wieder gesagt, irgendwelche genaue Kenntnis von seiner systematischen Mordpraxis gehabt. Die Existenz von Konzentrationslagern sei bekannt gewesen und man habe diese gefürchtet, aber das sei für manche ganz heilsam gewesen, schließlich habe sich eine deutsche Frau nachts auf die Straße trauen können, ohne fürchten zu müssen, von einem Unhold belästigt zu werden.

Überhaupt sei die Kriminalität während des »Dritten Reichs« deutlich zurückgegangen. Erst recht habe der Krieg ein hohes Maß an ziviler Disziplin erfordert. Schließlich sei es dem heldenhaften Einsatz der Wehrmacht an der Ostfront vor allem im letzten Kriegsjahr zu danken, daß es noch so vielen Flüchtlingen gelungen sei, sich dem Überrolltwerden durch die Rote Armee mit ihrer Flucht nach Westen zu entziehen.[101] Repräsentativ für diese Haltung war etwa, daß der baden-württembergische Ministerpräsident und ehemalige Marinerichter Hans Karl Filbinger, der seine unmittelbar bei Kriegsende wegen Fahnenflucht ausgesprochenen und vollstreckten Todesurteile an Wehrmachtsangehörigen mit den Worten rechtfertigen wollte, daß mit einemmal nicht Unrecht sein könne, was Recht gewesen sei.

Ihren Niederschlag fand diese kollektive Haltung selbstgerechter Schuldverdrängung in zwei Gesetzen, die am 31. Dezember 1949 und am 17. Juli 1954 jeweils mit einer alle Parteien übergreifenden Mehrheit im Bundestag verabschiedet wurden: Mit ihnen wurde NS-Tätern, sofern sie sich nicht eindeutig des Mordes schuldig gemacht hatten und sie sich auf die durch die Nazi-Gesetze gedeckte Pseudolegalität berufen konnten, pauschal Straffreiheit zugesichert. Besonders augenfällig wurde diese restaurative Nachsicht am 11. Mai 1951, als zwei Gesetze höchst unterschiedlichen Inhalts in Kraft traten: Der Geltungsbereich des einen, des »Gesetzes zur Wiedergutmachung« nationalsozialistischen Unrechts für Angehörige des öffentlichen Dienstes, erstreckte sich auf die aus rassischen oder politischen Gründen während des »Dritten Reichs« aus ihren Positionen als Beamte oder Angestellte Entlassenen. Das andere, gewissermaßen spiegelbildliche Gesetz erging ebenfalls als »Ausführungsgesetz« zu Artikel 131 des Grundgesetzes. Nutznießer war hier jener Personenkreis, der nach 1945 wegen seiner Verstrickung in den Nationalsozialismus aus dem öffentlichen Dienst entfernt worden war, nun aber wieder in seine früheren Rechte eingesetzt wurde.[102]

Diese pauschale Amnestierung entsprach dem vorherrschenden Geist des Vergebens und Vergessens. Vermutlich war es auch diese Geisteshaltung gewesen und nicht die alle Empfindungen und Reflexe betäubende Ohnmacht angesichts des »totalen Zusammenbruchs« von 1945, die vereitelt hatte, daß die Deutschen in einer »Nacht der langen Messer« den politisch notwendigen und moralisch gebotenen Selbstreinigungsprozeß vornahmen. Die »Entnazifizierung« seitens der Alliierten konnte dies schon wegen ihrer oberflächlichen Pauschalität nicht leisten. Außerdem stand ihr mit feindlicher Ablehnung eine übergroße Mehrheit der Deutschen gegenüber, die im übrigen der Auffassung war, daß mit den Urteilen des Nürnberger Internationalen Kriegsverbrechertribunals gegen die Hauptkriegsverbrecher vom Oktober 1946 alle Schuld bereits gesühnt sei und man sich endlich drängenderen Aufgaben zuwenden müsse, wie sie Not und Zerstörung vorgaben, die mehr als genug Strafe seien.

An dieser Lebenslüge hat die Bundesrepublik Deutschland bis heute zu tragen. Das in Berlin geplante Holocaust-Mahnmal ist in gewisser Weise auch ein Denkmal für ebendiese Lebenslüge. Trotz aller Anstrengungen zur »Bewältigung der Vergangenheit« gibt es kein Entrinnen vor der Überwältigung durch diese Vergangenheit. Das »Dritte Reich« ist und bleibt eine zwangsneurotische Fixierung, die allenfalls verdrängt oder durch Illusionen gebannt werden kann. Solches verrät der häufig zu hörende Hinweis darauf, daß dank der großen Nazi-Prozesse – die allerdings erst 1957, also zwölf Jahre nach dem »Zusammenbruch« eines Regimes, das selbst nicht länger gedauert hatte, in die Gänge kamen – heilende Aufklärung mit rechtsstaatlicher Gründlichkeit geschehen sei. Wie weit gefehlt das ist, läßt sich daran erkennen, daß kein Richter, kein Staatsanwalt, der an einem nazistischen Unrechtsurteil mitgewirkt hat, je dafür zur Rechenschaft gezogen worden ist. Dies ist nur ein Teil jenes komplizenhaften Korpsgeists, der die Voraussetzung für die Kontinuität der nazistischen Eliten in der Zweiten Republik bildete. In dieser Hinsicht unterschied sich Bonn keineswegs von Weimar. Hans Globke, der als Korreferent für Judenfragen im Reichsinnenministerium einen »wissenschaftlichen« Kommentar zu den Nürnberger Rassegesetzen verfaßt hatte, ist dafür die prominenteste Figur. Von 1953 bis 1963 diente er Adenauer als Staatssekretär im Bundeskanzleramt und war in dieser Zeit maßgeblich an der Ausarbeitung der dem Staat Israel gezahlten Wiedergutmachungsleistungen für die Ausplünderung und Ermordung von Millionen Juden beteiligt.

Für wie sicher mancher das Vergessen und Verdrängen halten konnte – die im weitesten Sinne konstitutiv zumindest für die Ära Adenauer waren, deren mentale Verheerungen dessen Abgang 1963 aber noch um wenigstens fünf Jahre überdauerten – zeigt die Vorgeschichte des sogenannten »Ulmer Einsatzgruppenprozesses« von 1957, mit dem die Welle der großen Judenmordprozesse angestoßen wurde, die mit dem Frankfurter Auschwitz-Prozeß in den 1960er Jahren ihren Höhepunkt fand. Die Ermittlungen, die in den Prozeß vor dem Ulmer Schwurgericht einmündeten, verdankten sich der Einfalt einiger der später Angeklagten, welche für ihre Rentenansprüche die Tätigkeit in einer der Einsatzgruppen geltend machten, die seit Sommer 1941 unmittelbar hinter der Ostfront bei der Massenliquidation von Juden eingesetzt worden waren. Vom Wüten dieser Einsatzgruppen war bis dahin der Öffentlichkeit so gut wie nichts bekannt. Dies und das in diesen Jahren herrschende Meinungsklima hinsichtlich der NS-Vergangenheit dürfte die Angeklagten zu der Annahme verleitet haben, ihre damalige »dienstliche Verwendung« wirke sich ganz selbstverständlich auf die Höhe ihrer Rentenanwartschaft aus.

Der Ulmer Einsatzgruppenprozeß, in dem erstmals vor einem deutschen Gericht in allen Einzelheiten die unermeßliche Grausamkeit enthüllt wurde, mit der Deutsche, unterstützt von einheimischen Helfern, während des Krieges Tausende von jüdischen Männern, Frauen und Kindern töteten, erschütterte nicht nur die Öffentlichkeit tief, sondern markierte auch das Ende der Verdrängung. Als unmittelbare Folge dieses Prozesses wurde 1958 in Ludwigsburg die Zentrale Stelle der Landesjustizverwaltungen zur Aufklärung nationalsozialistischer Verbrechen eingerichtet, mit der 13 Jahre nach dem Ende des »Dritten Reichs« endlich die zahllosen und ungesühnten Verbrechen verfolgt werden konnten. Zugleich ließ sich damit die »Bewältigung der Vergangenheit« – ein Begriff, der damals in Schwang kam – kanalisieren und kontrollieren, indem diese von der gesamten Gesellschaft zu lösende Aufgabe an die Fachinstanzen von Justiz und Zeitgeschichtsforschung delegiert wurde. Dabei verstand es sich von selbst, daß jene Aspekte taktvoll ausgenommen wurden, die geeignet schienen, den bürgerlichen und sozialen Frieden in der Bundesrepublik zu stören. Das galt und gilt noch immer für die »Arisierungen«, von denen der Mittelstand, die berühmten »kleinen Leute«, profitierten; das galt und gilt noch immer für den patenten Skandal des einstigen IG-Farben-Konzerns, der seit 1945 zwar abgewickelt wird, dessen milliardenschwere Vermögenswerte aber immer noch als Aktien gehandelt werden; und das galt lange für den großen Komplex der Zwangsarbeiter, denen erst auf amerikanischen Druck hin mehr als fünfzig Jahre nach Ende des Krieges eine symbolische Entschädigung in Aussicht gestellt wurde, die nur zum Teil von den ehemaligen Nutznießern dieser Sklavenarbeit, Unternehmen der deutschen Industrie, aufgebracht werden soll. Daß diese sich damit dennoch so schwer tun, macht den Vorgang um so skandalöser. Bezeichnenderweise ist die deutsche Landwirtschaft, in der zahllose Zwangsarbeiter beschäftigt waren, an dem Entschädigungsfonds aber nicht beteiligt. Der »Nährstand« hat sein schlechtes Gewissen, wenn es ihn denn je geplagt haben sollte, längst tief untergepflügt.

Darüber könnte man auf den Verdacht kommen, daß das, was Helmut Schelsky 1956 als »nivellierte Mittelstandsgesellschaft« bezeichnete, nichts anderes war als die durch den »Zusammenbruch« von 1945 oberflächlich gewendete und nunmehr demokratisch kostümierte »Volksgemeinschaft«, die sich nur die gröbsten Dummheiten wie einen offenen Antisemitismus oder Nationalismus mit opportunistischer Klugheit versagte. Dafür sprechen viele, erdrückende Indizien. Der wichtigste Hinweis bleibt, daß es nicht die Deutschen selber waren, die in einem Akt nachholender Revolution 1945 mit der »braunen Pest« kurzen Prozeß machten und sich ihre jeweiligen Gesellschaftsordnungen gaben. Das eine wie das andere ließen sie sich von ihren Siegermächten besorgen, denen gegenüber sie jene folgsame Gelehrigkeit bewiesen, die sie schon den Nazis bezeugt hatten. Nach 1945 wiederholte sich, was in den ersten Jahren der Nazi-Herrschaft zu beobachten gewesen war: Auch und gerade die »Eliten«, die am ehesten ihre Empörung hätten in Worte kleiden können, duckten sich weg, verschanzten sich in Elfenbeintürmen oder hinter der Verantwortung, die ihnen ihre Aufgaben angeblich stellten. Das Schweigen der weltbekannten deutschen Wissenschaftler, die es nach 1933 geschehen ließen, daß ihre ebenfalls weltbekannten jüdischen Kollegen – oder waren es Konkurrenten? – von den Nazis diffamiert, verfolgt und vertrieben wurden, das feige oder berechnende Betragen dieser Koryphäen, das bald in kollaborative Verstrickung hinüberglitt und schließlich in offene Komplizenschaft mit den scheußlichsten Verbrechen einmündete – ein Sauerbruch ließ sich von Mengele mit menschlichen Organen und Präparaten versorgen –, kann einen noch heute mit ohnmächtigem Zorn und mit Verachtung erfüllen.

Bekanntlich beginnt der Fisch am Kopf zu stinken, und wenn diese Eliten nach 1945 das fatale Beispiel gaben und einfach weitermachten, als sei nichts geschehen, ja ostentativ so taten, als hätten sie sich nichts zuschulden kommen lassen, dann konnten es alle so halten: die Richter, die weiter richteten »im Namen des Volkes«, die Globkes und Vialons, deren verwaltungstechnischer Sachverstand »wertneutral« war und auch unter anderen gesellschaftlichen und politischen Umständen gebraucht wurde; die Lehrer und Polizisten, die kleinen Arisierungsgewinnler, die Mitläufer und der vormalige »Reichsnährstand« sowieso.

Gewiß, die protestantische Kirche hat ein »Schuldbekenntnis« abgelegt. Sie nahm das Kreuz auf sich, hinter dem sich manch guter Christ, nachdem er sich sehr dünn gemacht hatte, ebenfalls verstecken konnte. Seien wir aber ehrlich, dieses »Schuldbekenntnis« hatte auch eine heuchlerische Note, und die protestantischen Landeskirchen in West und Ost erkannten sehr schnell die jeweilige Macht der gesellschaftspolitischen Tatsachen an. Aber immerhin, das Wort sie ließen stahn, und das war allemal mehr als das, was andere »Vorbilder« zuwege brachten. Die Beamtenschaft, die im 19. Jahrhundert einmal die Speerspitze des Fortschritts gewesen war und deren nüchterner Sachverstand im Kaiserreich und während der Weimarer Republik mancherlei Unfug vereitelt und ein hohes Maß an Kontinuität und Entscheidungssicherheit garantiert hatte, entblödete sich nicht, nach 1945 einen wesentlichen Teil ihrer ungebrochenen Macht daranzusetzen, ihre von den Alliierten gefährdeten berufsständischen Privilegien mit Klauen und Zähnen zu verteidigen. Amerikaner und Engländer, die in ihren Besatzungszonen das deutsche Berufsbeamtentum abzuschaffen und dieses durch einen »civil service« zu ersetzen suchten, scheiterten auf der ganzen Linie.

Am leichtesten hatte es der Mittelstand, sich seiner Verantwortung zu entziehen, ist doch der »kleine Mann« bekanntermaßen immer der Düpierte, der Spielball anonymer Mächte, der Gelackmeierte. Außerdem verstand er sich traditionell am besten aufs Jammern und Wehklagen, und dazu mochte er nach 1945 sogar Grund haben. Was er sich im für ihn günstigen Klima des »Dritten Reichs« aufgebaut oder errafft hatte, war nun häufig zerbrochen oder lag in Trümmern. Besser noch gelang es dem »Nährstand«, sich aus Schuld und Verantwortung zu schleichen, weil sich die Bauern wie Könige fühlen konnten, denn sie hatten etwas, was alle brauchten: Lebensmittel. Der »Schwarzmarkt« war ihre Bonanza. Vergessen und vergeben wurde darüber, daß sie eine der wichtigsten Stützen des Regimes gewesen waren. Vergessen und vergeben, daß nicht wenige Bauernsöhne, die auf dem elterlichen Hof ihr Auskommen nicht finden konnten, in die Ränge der KZ-Wachmannschaften einströmten, unter denen sie durch besondere Grausamkeit auffielen.

In der »Zusammenbruchsgesellschaft« nach 1945, die nur unschuldige Opfer – Vertriebene, Ausgebombte, Hinterbliebene – kannte, die vom Sozialismus des Kohleklaus vergesellschaftet wurden, mutierte die vormalige »Volksgemeinschaft« in den drei Westzonen im Zuge des Wiederaufbaus und des wirtschaftlichen Aufschwungs zur »nivellierten Mittelstandsgesellschaft«. Dieser Prozeß hat eigene Symptome, die sich in der Nomenklatur seiner materiellen Phänomene verraten: »Volkswagen«, »Volksvermögen«, »Volksgesundheit« … Das »Wirtschaftswunder« bewirkte auch das »Wunder«, die Mutation, in der so viele Kontinuitäten durchschienen, gnädig zu verhüllen. Die wirtschaftliche Erfolgsstory des westlichen Teilstaats des untergegangenen »Dritten Reichs« hat daran ebenso entscheidenden Anteil wie an der Durchsetzung demokratischer Werthaltungen im gesellschaftlichen Bewußtsein. Bezeichnend bleibt, daß dieser Demokratisierungsprozeß der Gesellschaft im wesentlichen langsam verlaufen ist und in weiten Bereichen noch andauert. Er wird erst dann abgeschlossen sein, wenn die Zivilgesellschaft mit der Verfassungswirklichkeit zur Deckung gekommen ist. Bis dahin aber ist der Weg noch weit.

Weiter beschleunigte der Ost-West-Gegensatz des »Kalten Kriegs« diese Mutation und trug dazu bei, die von ihr mittransportierten Kontinuitäten zu verbergen. Westdeutschland avancierte zum Frontstaat in einer Mächtekonstellation, wie sie sich Hitler in den letzten Monaten vor seinem Ende als Ausweg erträumt hatte. Diese Konstellation entwickelte sich zum Glücksfall der Westdeutschen, denn von ihr wurden die entscheidenden Voraussetzungen für das »Wirtschaftswunder« geschaffen, das eben nicht allein, wie die mittelständische Propaganda der Nachkriegszeit nicht müde wurde zu behaupten, der »sprichwörtlichen« deutschen Tüchtigkeit zu verdanken war. Es war ein schlichtes Gebot der Klugheit seitens der Siegermächte, den zum Frontstaat gewordenen westdeutschen Teilstaat aufzurüsten, und sei es um den Preis, daß man die Augen schloß und manches geschehen ließ, das zu vereiteln man zuvor fest entschlossen gewesen war.

Die Westdeutschen enttäuschten das in sie gesetzte Vertrauen nicht, erwiesen sich als strebsame Schüler, wurden zu musterhaften Demokraten und ließen sich in ihrem Antikommunismus von niemandem übertreffen. So bestanden sie auch den härtesten Test ihrer Zuverlässigkeit, als sie die berühmte Stalin-Note von 1952 zurückwiesen, mit der ihnen die staatliche Einheit um den Preis strikter Neutralität versprochen wurde. Statt dessen verboten sie die Kommunistische Partei (1956) und bewiesen ihr unterdessen erworbenes und über jeden Verdacht erhabenes Verständnis vom demokratischen Rechtsstaat dadurch, daß sie Tausende von kleinen KPD-Funktionären strafrechtlich auf der Grundlage eines Gesetzes verfolgten, das deren Tun erst nach der Tat kriminalisiert hatte. Diese Hatz, an der sich mancher Richter beteiligte, der sich seine einschlägige und jetzt wieder gefragte Qualifikation während des »Dritten Reichs« erworben hatte, stand unter der trotzigen Parole »Keine Freiheit für die Feinde der Freiheit!« Daß dieser Slogan von Saint-Just, dem Chefankläger der Französischen Revolution, geprägt worden war, verschlug ebensowenig wie der weit näher liegende Umstand, daß der rabiate Antikommunismus, den diese Parole decken sollte, seine Vorbilder in der Verfolgungspraxis der Nationalsozialisten hatte.

Das alles regte kaum jemanden auf, zumal die meisten damit beschäftigt waren, auf den diversen Wellen zu reiten, die Westdeutschland überrollten: Der Freßwelle folgte die Reisewelle, die Eigenheimwelle; nicht zu vergessen die Welle der sexuellen Befreiung und die des jugendlichen Protests, die ihren politischen Gehalt schnell an die von der Kulturindustrie kanalisierte Pop-Welle verriet, und so fort bis zur derzeitigen Börsenspekulationswelle, an der eine Leichtfertigkeit überrascht, die man den Deutschen bislang nicht zutrauen mochte. Die Westdeutschen schwelgten in einer solchen Normalität, daß sich ihre besten Köpfe irgendwann zu beunruhigen begannen und ihr damaliger Kanzler, der dieses Amt viel zu lange innehaben sollte, zu Beginn seiner Ära eine »geistig-moralische Wende« einforderte. Was sich darin aussprach, war das unspezifische Unbehagen daran, daß eine »nivellierte Mittelstandsgesellschaft«, die so erfolgreich realisiert worden war, daß sie ebenfalls einem Wunder glich, das letzte Ziel der deutschen Geschichte sein sollte, zumal die Geschichte von ihr erfolgreich eskamotiert wurde. Das war verständlich, denn nachdem man der Nierentische und Tulpenlampen wie auch der Eckbankidyllik überdrüssig geworden war, sehnte man sich wieder nach antikem Innendekor, nach Karyatiden und bärbeißigen Atlanten als Fassadenschmuck. Vor dieser Vergangenheit, deren man sich wieder vergewissern und die man selbstbewußt erwerben wollte, um sie zu besitzen, türmte sich jedoch als sperriges, widriges Hindernis das »Dritte Reich« auf.

Was tun? Besagter Kanzler wagte weiland in Bitburg beherzt eine symbolische Geste. Das hat ihm heftige Kritik eingetragen. Schwerer dürfte für ihn die stille und dankbare Zustimmung, die er damit weithin erntete, gewogen haben. Das Erlebnis mußte ihn geradezu ermutigen, mit derlei symbolischen Gesten weiterzumachen. Sie blieben politisch-programmatisch unverbindlich, lösten aber zugleich für jene, die sie begrüßten, die Forderung nach einer »geistig-moralischen Wende« ein. Deshalb war es keineswegs zufällig, daß gleichzeitig eine große »Identitätsdiskussion« aufschäumte. Allerdings blamierten sich in deren Verlauf viele so nachhaltig, daß ihnen nach den Ereignissen von 1989 – die so gut wie alles, was im Zusammenhang mit dieser Diskussion gedacht, gesagt und geschrieben worden ist, zu Makulatur machten –, nichts anderes übrigblieb, als sich selbst stillschweigend einen Generalpardon zu erteilen. Das gelang leicht und unbemerkt, weil fast alle Angehörigen der westdeutschen Intelligenzija von dieser Blamage betroffen waren. Zum anderen deshalb, weil die sich überschlagenden Ereignisse, die schnell und reibungslos in die staatliche Vereinigung der beiden Deutschland mündeten, ihnen zumindest eine oberflächliche Antwort auf ihre »Identitätssuche« gaben. Außerdem lieferten die Einwände weniger, die, wie Günter Grass, die Fortdauer der deutschen Teilung als die der Moral und der Geschichte geschuldete ewige Buße für Auschwitz sahen, eine willkommene Chance, von jener eigenen Blamage desto erfolgreicher ablenken zu können, je heftiger man über derartige, als völlig abwegig gescholtene Ansichten herfiel.

Das größte Glück aber war die DDR. Die sah sich, ohne daß sie ihre Besinnung nach dem Schwindel des radikalen Umsturzes wiedererlangt hatte, mit der Bundesrepublik zu Deutschland vereinigt. Das war für diese die unverhoffte Stunde, um zeigen zu können, wie man Vergangenheit bewältigt, mit welchen Sanktionen Spitzel- und Denunziantentum für ein Unrechtsregime zu ahnden ist, wie sehr bloßes Mitläufertum moralisch kompromittiert und gesellschaftlich diskreditiert. Bisweilen machte dieses exorzistische Treiben den widerwärtigen Eindruck, die Kinder und Erben jener, die sich diesen Selbstreinigungsprozeß, der nach 1945 wesentlich dringlicher geboten schien, erspart hatten, fänden nun ihre Entlastung darin, daß sie ihn von anderen um so rücksichtsloser einforderten, weil sie sich ihrer eigenen moralischen Erhabenheit gewiß dünkten. Ganz nebenbei wurden damit manchem aus der »nivellierten Mittelstandsgesellschaft« Westdeutschlands Aufstiegschancen eröffnet, die er unter den vordem obwaltenden Umständen vielleicht nicht hätte realisieren können. Das gilt insbesondere für die Universitäten und die mittleren und höheren Ebenen der Verwaltungsapparate in den sogenannten »neuen Bundesländern«, die mit nicht kompromittiertem Personal besetzt werden mußten. Der gelegentlich von Ostdeutschen geäußerte Verdacht, nicht wiedervereinigt, sondern von der Bundesrepublik kolonisiert worden zu sein, läßt sich im Lichte solcher Erfahrungen kaum als übertrieben abtun.

Folgenreich war und ist die Wiedervereinigung aber noch in einer anderen, bislang kaum wahrgenommenen Hinsicht: Die »nivellierte Mittelstandsgesellschaft« der Bundesrepublik sah sich, nachdem die ersten Freudentränen getrocknet waren, mit einemmal mit dem Bild ihres früheren Selbst in Gestalt der kleinbürgerlichen DDR-Gesellschaft konfrontiert. Diese hatte all jene Werthaltungen vollständig konserviert, über die in Westdeutschland die diversen Konsumwellen hinweggegangen waren und die Illusion zur Gewißheit hatten werden lassen, man habe sich damit nicht nur verbürgerlicht und erfolgreich europäisiert, sondern geradezu verweltbürgerlicht. Jetzt wurde mit einemmal deutlich, daß man sich zwar den teuren Armani-Anzug leisten oder über Weihnachten nach Miami Beach jetten konnte, aber dennoch Deutscher geblieben war und die Last einer Schuld zu tragen hatte, die mit zeitlichem Abstand zur Tat nicht leichter, sondern immer schwerer wird. Auch wurde man wieder auf die eigene Herkunft aus kleinbürgerlichem Milieu verwiesen, überfiel einen die Erinnerung an Enge und Mief, denen entronnen zu sein und alle Erinnerung daran ausgelöscht zu haben, man sich insgeheim als größten Triumph anrechnete.

Die Wiedervereinigung hat diese westdeutschen Illusionen mit einemmal zerstört. Verständlicherweise setzte man sich dagegen zur Wehr, was zum Gutteil den Hochmut erklärt, mit dem auf die Ostdeutschen herabgeblickt wurde, die weder den elaborierten Code noch den Cant begriffen, mit denen die Westdeutschen sich eine Welt möblierten, von der sie sich gegenseitig weismachten, sie sei von jeher die ihre gewesen. Unmittelbar nach dem Fall der Mauer stand die arme Verwandtschaft aus dem Osten in den westdeutschen Designer-Interieurs, staunte und lachte kindlich-verlegen über so manches, von dem man im Westen bis dahin wähnte, es sei ein selbstverständlicher Teil des eigenen, weltgewandten und weltoffenen Wesens. Alles Irrtum. Die Wiedervereinigung hat die Westdeutschen mit etwas konfrontiert, über das sie sich längst erhaben glaubten, nach dem sie sich aber paradoxerweise heimlich sehnten: die Geborgenheit in einer Identität, die sich in nichts anderem materialisiert als in der engen, überaus heimatlich anmutenden Idylle kleinbürgerlicher Werthaltungen. Diese Sehnsucht erwachsener Kinder erklärt sich daraus, daß die moderne Demokratie zwar die formale Chancengleichheit aller gewährleistet, aber keine persönliche soziale Stabilität oder Statussicherheit garantieren kann. Die Menschen im Osten Deutschlands erfahren diesen Widerspruch zwischen ihrer Nostalgie nach einem untergegangenen Regime und der jetzt erlebten Verfassungswirklichkeit als geradezu existentielle Bedrohung.

Um sich davor zu schützen, leiten sie ihre Ressentiments und Ängste nach außen ab und projizieren diese auf Fremde und Normabweichler, denen sie mit Aggressivität begegnen. Das ist ein Reflex, den auch die »nivellierte Mittelstandsgesellschaft« Westdeutschlands nicht vergessen, geschweige überwunden hat. Verräterisch dafür ist die wahrlich instinktlose Instinktsicherheit, mit der die politische Klasse, Repräsentanten aller politischen Parteien, Arbeitsmigranten oder Asylsuchende als Sündenböcke für eine Vielzahl sozialer und politischer Probleme identifiziert. Verräterisch ist, wie hierzulande über das Thema Einwanderung geredet wird, obwohl längst klar ist, daß in der Spanne einer Generation das generative Wachstum der »blutsmäßig« Deutschen bei weitem nicht mehr ausreichen wird, die Renten für die Alten, die immer älter werden, zu erwirtschaften. Das markiert nach wie vor den großen Abstand, der die demokratiestolze bundesrepublikanische Gesellschaft noch immer von einer offenen, mobilen, wertpermissiven, toleranten und prinzipiell chancengleichen Gesellschaft trennt, in der wir zwar schon zu leben behaupten, die jedoch wirklich durchzusetzen es eine neue Revolution brauchen wird, die sich möglicherweise mit der Globalisierung ankündigt. Ob diese Revolution die deutsche Krankheit kurieren wird, muß aber angesichts der vorliegenden Diagnose dahingestellt bleiben.

# Literatur

## Morphologie

1 Manfred Schmitt u. Leo Montada (Hrsg.), *Gerechtigkeitserleben im wiedervereinigten Deutschland*, Opladen 1999.

2 Vgl. Leo Montada u. Anne Dieter, »Gewinn- und Verlusterfahrungen in den neuen Bundesländern: Nicht die Kaufkraft der Einkommen, sondern politische Bewertungen sind entscheidend«, in: Schmitt u. Montada (Hrsg.), *Gerechtigkeitserleben*, a. a. O., S. 33.

3 Schmitt u. Montada (Hrsg.), *Gerechtigkeitserleben*, a. a. O., S. 34.

4 Ebd., S. 41.

5 Heinrich August Winkler, *Zwischen Marx und Monopolen. Der deutsche Mittelstand vom Kaiserreich zur Bundesrepublik Deutschland*, Frankfurt am Main 1991, S. 14.

6 Heinrich August Winkler, *Der lange Weg nach Westen. Deutsche Geschichte*, München 2000, Bd. II, S. 178.

7 *Süddeutsche Zeitung*, 21. November 2000.

8 *Süddeutsche Zeitung*, 1. September 2000.

9 Friedrich Nietzsche, *Jenseits von Gut und Böse*, in: *Werke, Kritische Gesamtausgabe*, hrsg. v. Giorgio Colli u. Mazzino Montinari, Berlin 1968, Bd. VI, S. 192.

10 Vgl. dazu insgesamt: »Volk« in: *Geschichtliche Grundbegriffe. Historisches Lexikon zur politisch-sozialen Sprache in Deutschland*, hrsg. v. Otto Brunner, Werner Conze u. Reinhart Koselleck, Stuttgart 1992, Bd. VII, S. 325ff.

11 Ernst Moritz Arndt, *Katechismus für den teutschen Kriegs- und Wehrmann ...* (1813), in: *Werke*, hrsg. v. August Leffson u. Wilhelm Steffens, Berlin, Leipzig, Wien, Stuttgart 1913, S. 161.

12 Friedrich Nietzsche, *Vom Nutzen und Nachtheil der Historie für das Leben, Unzeitgemäße Betrachtungen*, II, in: *Werke*, a. a. O., Bd. III, 1, S. 266.

13 Vgl. Ulrich Beck u. Johannes Willms, *Freiheit oder Kapitalismus*, Frankfurt am Main 2000, S. 7–83.

14 Karl Marx u. Friedrich Engels, *Manifest der Kommunistischen Partei*, in: *Werke* (MEW), hrsg. v. Institut für Marxismus-Leninismus beim ZK der SED, Berlin 1972, Bd. IV, S. 487.

15 Zu Riehl: Jasper von Altenbockum, *Wilhelm Heinrich Riehl 1823–1897. Sozialwissenschaft zwischen Kulturgeschichte und Ethnographie*, Köln, Weimar, Wien 1994.

## Infektion

16 Manfred Vasold, *Pest, Not und schwere Plagen. Seuchen und Epidemien vom Mittelalter bis heute*, München 1991, S. 46ff.

17 Ebd., S. 56.

18 Ebd., S. 51.

19 Frantisek Kraus, *Pest – Geißler – Judenmorde. Das 14. Jahrhundert als Krisenzeit*, Göttingen 1987, S. 200.

20 Heinz Schilling, *Aufbruch und Krise. Deutschland 1517–1648*, Berlin 1998, S. 140–146.

21 Vgl. zum »Dreißigjährigen Krieg« insgesamt: Johannes Burkhardt, *Der Dreißigjährige Krieg*, Frankfurt am Main 1992.

22 Hans Jakob Christoffel von Grimmelshausen, *Der abenteuerliche Simplicissimus*, hrsg. v. Alfred Kelletat, München 1956, Kap. 16, S. 46–47.

23 Georg Wilhelm Friedrich Hegel, *Werke in zwanzig Bänden. Frühe Schriften*, Frankfurt am Main 1971, Bd. 1, S. 461.

## Inkubation

24 Fernand Braudel, *L'identité de la France*, Paris 2000, S. 70.

25 Carl Wilhelm v. Lancizolle, *Grundzüge der Geschichte des deutschen Städtewesens mit besonderer Rücksicht auf die preußischen Staaten*, Berlin u. Stettin 1829, S. 1–2.

26 Hans Rall, *Kurbayern in der letzten Epoche der alten Reichsverfassung, 1745–1801*, München 1952, S. 484–490.

27 Christian Gottlieb Riccius, *Zuverläßiger Entwurf von Stadt-Gesetzen, oder Statutis vornehmlich der Land=Städte, worinnen nicht nur die Historie der Statuten einiger Reichs= und vieler Land= Städte, nebst Anzeigung derer über diese herausgegebenen Schriften,*

*aus begründeten Nachrichten dargestellet, sondern auch von der Natur und Eigenschaft, gehöriger Erricht= und Auslegung der Statuten deren Land=Städte...*, Frankfurt u. Leipzig 1740, S. 3.

28 Vgl. Mack Walker, *German Home Towns. Community, State and General Estate 1648–1871*, Ithaca u. London 1971, S. 18–21.

29 Walter Tröltsch, *Die bayerische Gemeindebesteuerung seit Anfang des 19. Jahrhunderts. Mit besonderer Berücksichtigung der indirekten Verbrauchssteuern*, München 1891, S. 1–7.

30 Vgl. Wolfram Fischer, *Handwerksrecht und Handwerkswirtschaft um 1800*, Berlin 1955, S. 15.

31 Walker, *German Home Towns*, a. a. O., S. 73–75; ausführlich bei: Johannes H. Gebauer, *Das Hildesheimer Handwerkswesen im 18. Jahrhundert und das Reichsgesetz von 1731 gegen die Handwerksmißbräuche*, Hansische Geschichtsblätter, Bd. XXIII (1917), S. 161–173.

32 Walker, *German Home Towns*, a. a. O., S. 76.

33 Text in: Ernst Rudolf Huber, *Dokumente zur deutschen Verfassungsgeschichte*, Berlin, Köln, Mainz 1971, S. 1–27.

34 So die einschlägigen Bestimmungen im Vertrag mit Württemberg. De Clercq (Hrsg.), *Recueil des Traités de la France, 1803–1815*, Bd. II, S. 121–123 u. 126–127.

35 Huber, *Dokumente*, a. a. O., Bd. 1, S. 28–34.

36 Tröltsch, *Die bayerische Gemeindebesteuerung*, a. a. O., S. 7–31.

37 Karl Friedrich Eichhorn, *Deutsche Staats- und Rechtsgeschichte*, vierte verbesserte und vermehrte Ausgabe, Göttingen 1834–1836, Bde. I–IV.

38 Vgl. ebd. Bd. IV, S. 703–787, § 614–618.

39 Einen guten Überblick über die Kommunalverfassungen in den einzelnen deutschen Staaten gibt Lancizolle, *Grundzüge*, a. a. O., S. 145–160.

40 Manfred Erdmann, *Die verfassungspolitische Funktion der Wirtschaftsverbände in Deutschland 1815–1871*, Berlin 1968, S. 109–127.

41 Walker, *German Home Towns*, a. a. O., S. 332–347.

42 A. Vahlkampf, *Über Heimathgesetze. Der Streit der Interessen und Ansichten in Beziehung auf das Heimathwesen*, Frankfurt am Main 1848.

43 Walker, *German Home Towns*, a. a. O., S. 366–367.

44 Johannes Willms, *Die Politik der Officiers royaux auf den Etats généraux 1576–1614*, masch. Diss., Heidelberg 1975.

45 Zit. Johannes Willms, *Nationalismus ohne Nation. Deutsche Geschichte 1789–1914*, Düsseldorf 1983, S. 193.

46 Die Debatte, die in der Nationalversammlung über die Grundrechte geführt wurde, erhellt sehr deutlich die gesamte Problematik des städtischen Sondertums. Vgl. dazu Willms, *Nationalismus*, a. a. O., S. 193–205.

47 *Stenographischer Bericht über die Verhandlungen der dt. Constituierenden Nationalversammlung in Frankfurt am Main*, hrsg. v. Franz Wigard, Frankfurt am Main 1848, Bd. 1, S. 744; vgl. auch die von leidvollen Erfahrungen gesättigten Einwände des früheren bayerischen Innenministers Hermann Ritter von Beisler in dieser Debatte: *Stenographischer Bericht*, Bd. II, S. 871.

48 Carl Julius Weber, *Deutschland oder Briefe eines in Deutschland reisenden Deutschen*, Stuttgart 1834, S. XXXIII.

49 Wilhelm Heinrich Riehl, *Land und Leute*, Stuttgart u. Augsburg 1856 (3. Auflage), S. 21–23.

50 Thomas Nipperdey, *Deutsche Geschichte 1866–1918*, München 1990, Bd. 1, S. 260.

## Vollbild

51 Karl Marx, Friedrich Engels, *Werke*, hrsg. v. Institut für Marxismus-Leninismus beim ZK der SED, Berlin 1972, Bd. IV, S. 47.

52 Horst Kohl (Hrsg.), *Die politischen Reden des Fürsten Bismarck*, Stuttgart 1892, Bd. 1, S. 134.

53 Vgl. Werner Sombart, *Die deutsche Volkswirtschaft im Neunzehnten Jahrhundert*, Berlin 1909, S. 305–324.

54 Ebd., S. 496–497.

55 Hans-Ulrich Wehler, *Deutsche Gesellschaftsgeschichte. Von der ›Deutschen Doppelrevolution‹ bis zum Beginn des Ersten Weltkriegs, 1849–1914*, München 1995, Bd. III, S. 136.

56 Wilhelm Mommsen, *Deutsche Parteiprogramme*, München 1960, S. 215.

57 Dirk Stegmann, *Die Erben Bismarcks. Parteien und Verbände in der Spätphase des Wilhelminischen Deutschlands. Sammlungspolitik 1897–1918*, Köln u. Berlin 1970.

58 Paul de Lagarde, *Ausgewählte Schriften*, hrsg. v. Paul Fischer, München 1934 (2. Aufl.), S. 239.

59 Paul de Lagarde, »Die Stellung der Religionsgesellschaften im Staate«, in: *Deutsche Schriften*, München 1937 (3. Aufl.; Erstauflage 1878), S. 295 ff. Der Aufsatztitel Lagardes verrät, daß sein Antisemitismus zum Leidwesen der Nazis noch nicht »rassebiologisch«, sondern lediglich kulturell determiniert war. Aufschlußreich ist in diesem Zusammenhang auch sein Wortspiel: »Das Deutschtum liegt nicht im Geblüte, sondern im Gemüte.« (Lagarde, »Über die gegenwärtigen Aufgaben deutscher Politik«, in: *Schriften*, a. a. O., S. 30.) Mit der »jüdischen Weltverschwörung« eng verbündet sah Lagarde die »graue Internationale« des Liberalismus, als dessen wesentliches Kennzeichen er »Heimatlosigkeit« feststellte, die ihn für jede Nation zur »größten Gefahr« mache (Lagarde, »Die graue Internationale« [1881], in: *Schriften*, a. a. O., S. 358). Juden und Liberale waren bei Lagarde Synonyme für die Begleiterscheinungen der Moderne, die nur das Ziel verfolgten, die Besonderheit der Deutschen wie deren Lebensart zu zerstören. (Zu Paul de Lagarde und dem ihm geistesverwandten Julius Langbehn vgl. Fritz Stern, *The Politics of Cultural Despair: A Study in the Rise of the Germanic Ideology*, Berkeley, Los Angeles, London 1961, S. 3–180.)

60 Vgl. Geoff Eley, *Reshaping the German Right. Radical Nationalism and Political Change after Bismarck*, New Haven u. London 1980.

61 Wehler, *Gesellschaftsgeschichte*, a. a. O., Bd. III, S. 1038–1066.

62 Shulamit Volkov, *The Rise of Popular Antimodernism in Germany. The Urban Master Artisans 1873–1896*, Princeton, N.J., 1978, S. 244–245.

63 Mommsen, *Parteiprogramme*, a. a. O., S. 68–69.

64 Volkov, a. a. O., *Antimodernism*, S. 247–265.

65 Heinrich August Winkler, *Mittelstand, Demokratie und Nationalsozialismus. Die politische Entwicklung von Handwerk und Kleinhandel in der Weimarer Republik*, Köln 1972, S. 57.

66 Volkov, *Antimodernism*, a. a. O., S. 294.

67 Ebd., S. 317.

68 Ebd., S. 326–327.

69 Vgl. Heinz-Gerhard Haupt u. Geoffrey Crossick, *Die Kleinbürger. Eine europäische Sozialgeschichte des 19. Jahrhunderts*, München 1998.

70 Zit. Winkler, *Mittelstand*, a. a. O., S. 119.

71 Horst Hildebrandt (Hrsg.), *Die deutschen Verfassungen des 19. und 20. Jahrhunderts. Quellen zur Verfassungsgeschichte*, Paderborn 1950, S. 72.

72 Marx u. Engels, *Werke*, a. a. O., Bd. IV, S. 472.

73 Mommsen, *Parteiprogramme*, a. a. O., S. 547 ff.

74 Vgl. Jürgen W. Falter, *Hitlers Wähler*, München 1991.

75 Avraham Barkai, *Vom Boykott zur »Entjudung«. Der wirtschaftliche Existenzkampf der Juden im Dritten Reich 1933–1943*, Frankfurt am Main 1987, S. 16.

76 Sehr aufschlußreich ist in diesem Zusammenhang die Monographie von Frank Bajohr, *»Arisierung« in Hamburg. Die Verdrängung der jüdischen Unternehmer 1933–1945*, Hamburg 1997. Im Zuge der sogenannten »Wiedergutmachung«, die Bundeskanzler Adenauer mit der Jewish Claims Conference aushandelte, kam es zwar in rund einhunderttausend Fällen zu Restitutionen oder Entschädigungszahlungen, die aber nur einen Bruchteil der »arisierten« jüdischen Vermögenswerte dargestellt haben dürften. Gemäß dem Haager Protokoll Nr. 1 von 1952 galten die einschlägigen Vereinbarungen nur für »Arisierungen« auf deutschem Boden, sprich für das Gebiet der Bundesrepublik Deutschland.

77 Ein Katalog dieser teilweise grotesk anmutenden Ausnahmen bei: H. G. Adler, *Der verwaltete Mensch. Studien zur Deportation der Juden aus Deutschland*, Tübingen 1974, S. 639.

78 Vollständige Liste ebd., S. 583.

79 Wolfgang Dreßen (Hrsg.), *Betrifft: »Aktion 3«. Deutsche verwerten jüdische Nachbarn. Dokumente zur Arisierung*, Berlin 1998, S. 39.

80 Ebd., S. 48–49.

81 Zit. ebd., S. 51.

82 Sebastian Haffner, *Anmerkungen zu Hitler*, München 1978, S. 43.

83 Joachim C. Fest, *Das Gesicht des Dritten Reichs*, München 1963.

84 Bajohr, *»Arisierung« in Hamburg*, a. a. O., S. 294.

85 David Schoenbaum, *Die braune Revolution. Eine Sozialgeschichte des Dritten Reichs*, Köln 1980 (2. Aufl.), S. 107.

86 Peter Reichel, *Der schöne Schein des Dritten Reichs. Faszination und Gewalt des Faschismus*, München 1991, S. 216–217.

87 Gudrun Brockhaus, *Schauder und Idylle. Faschismus als Erlebnisangebot*, München 1997.

88 Hans Mommsen, *Der Nationalsozialismus und die deutsche Gesellschaft. Ausgewählte Aufsätze*, Reinbek 1991, S. 411.

89 Zit. in: Horst Gies, *Die Rolle des Reichsnährstandes im nationalsozialistischen Herrschaftssystem*, in: *Der »Führerstaat«: Mythos und Realität. Studien zur Struktur und Politik des Dritten Reichs*, hrsg. v. Gerhard Hirschfeld u. Lothar Kettenacker, Stuttgart 1981, S. 277.

90 Ebd., S. 272.

91 Max Nordau, *Entartung*, 2 Bde., Berlin 1892/93.

92 Reichel, *Der schöne Schein*, a. a. O., S. 237–242.

93 Ernst Jünger, *Der Arbeiter*, in: *Sämtliche Werke*, Stuttgart 1981, Bd. VIII, S. 264–265. Die Erstausgabe dieses Essays erschien 1932.

94 Zit. Reichel, *Der schöne Schein*, a. a. O., S. 243.

95 Zit. ebd., S. 249.

96 Karl Dietrich Bracher, *Die deutsche Diktatur. Entstehung, Struktur, Folgen des Nationalsozialismus*, Köln 1993 (7. Aufl.), S. 503.

## Mutation

97 Zit. in: Zentralverband des Deutschen Handwerks, *Ein Handwerk – eine Stimme. 100 Jahre Handwerkspolitik. Eine historische Bilanz handwerklicher Selbstverwaltung*, Berlin 2000, S. 67–68.

98 Winkler, *Mittelstand*, a. a. O., S. 188–189.

99 Karlheinz Graudenz u. Erica Pappritz, *Etikette neu*, München 1965 (6. Aufl.), S. 385.

100 Winkler, *Der lange Weg*, a. a. O., Bd. II, S. 160–161.

101 Diese apologetische Sicht vertrat noch Andreas Hillgruber in einem 1986 veröffentlichten Essay: Andreas Hillgruber, *Zweierlei Untergang. Die Zerschlagung des Deutschen Reiches und das Ende des europäischen Judentums*, Berlin 1986, S. 15–74.

102 Winkler, *Der lange Weg*, a. a. O., Bd. II, S. 167.